마흔,
계속 이렇게 살 수 없다는
당신에게

마흔, 계속 이렇게 살 수 없다는 당신에게

류지민 지음

다른상상

prologue

이대로 살 수는 없다 싫어질 때

막 마흔두 살을 넘긴 봄이었다.

아침에 일어나 거울을 들여다보다가 갑자기 숨이 막혔다. '이대로 살 수는 없다'고 생각했다. 정확히 표현할 수는 없지만 세상은 그대로인데 나만 어떤 면에서 바뀌었고, 그 변화는 되돌릴 수 없는 것처럼 느껴졌다. 뭐라고 꼬집어서 말할 수 없는 그런 답답함이었다.

이즈음이었다. 의도적으로 스스로를 바쁘게 만들고, 하지 않던 일들을 하기 시작했던 것은.

한동안 멀리했던 책을 다시 읽었고, 독서 모임에 나가기 시작했고, 오랜 꿈이었던 동화 쓰기에도 도전했다. 재테크의 세계에도 빠졌다. 할 일이 늘어나면서 갑자기 나를 찾아온 그 기분 나쁜 느낌을 어느 정도 잊을 수 있었다. 하지만 '완전히'는 아니었다. 그 변화는 단지 '느낌'의 차원만이 아니었기 때문이다.

세상에는 모두가 알지만 되도록 외면하고 싶은 진실들이 있다. 우리 모두 어느 날엔가는 중년이 된다는 사실도 그중 하나다. 외면과 무시는 때로는 힘든 시간을 견디게 해 주는 편리한 방법이지만 이 방법에도 유효기간이 있다. 두려워하던 일이 눈앞에 닥치기 시작하면 마냥 배짱을 부릴 수만은 없다. 중요한 시험이 한 달 앞으로 다가오면 아무리 느긋해지려고 해도 걱정이 되고, TV를 보거나 친구들과 수다를 떠는 와중에도 불현듯 싸한 기분에 사로잡히는 것처럼.

40대 중반을 지나고 비로소 확실히 알게 되었다. 그것은 노화였다.

다들 외모에 신경 쓰는 시대라 염색으로 흰머리를 감추고 젊게 입으면 예전처럼 나이 들어 보이지 않는다. 하지만 내 몸의 노화를 내가 모를 수는 없다. 다른 사람은 속여도 나는 속일 수 없었다.

처음에는 도저히 받아들일 수 없었다. 하루하루 열심히 살아왔는데, 분명 더 나은 미래가 있을 거라고 굳게 믿고 버텨 왔는데 갑자기 "게임 끝!"이라는 선고를 받은 느낌이었다. 분하기도 했고 억울하기도 했다. 무엇보다도 슬펐다. 인생이 이런 것인 줄 알았다면 그렇게 애쓰며 살지 말걸. 젊고 예쁠 때 마음껏 놀고, 하고 싶은 일을 하면서 젊음을 충분히 누릴걸. 후회가 밀려왔다. 청년기를 제대로 보낸 것 같지도 않은데 벌써 중년의 노화가 찾아오다니. 갑자기 젊음으로부터 추방된 것 같아 서글프고 막막했다.

유년기를 제대로 모르고 유년기가 지나가고, 청춘을 모르고 청춘이 지나갔다. 원하지 않는데 스무 살이 되고 서른 살이 되었다. 시간은 자신의 규칙대로 흐르면서 준비되었든 준비되지 않았든 나를 어떤 '시기'에 가둬버리곤 했다. 나는 항상 뒤늦게 깨닫고 허둥지둥 그 시기에 맞춰 살아가는 태도를 바꿔야 했다.

그런데 이번에는 어떤 태도로 살아가야 하나? 전과는 다르게 막막했다. 청소년기, 청년기에 대한 책이나 영화는 많지만 중년기, 노년기에 대해서는 드물다. 인생의 영광은 청년기로 끝나고 중년 이후의 삶은 내내 쇠락하는 것일까? 자랑스럽지 못한 시간이라 되도록 숨겨야 하는 것일까?

노화는 받아들여야 하는 것일까? 아니면 싸워서 멀찍이 밀어 버려야 하는 것일까? 육체의 노화는 그렇다 치고, 정신도 그에 맞춰 기어를 한 단계 낮춰야 할까? 아니면 나이는 숫자에 불과하다고 생각하며 청년의 정신 상태에 머물러야 할까?

나를 찜찜하고 불안하게 만들었던 그 기분 나쁜 느낌의 정체는 바로 이 질문들이었다.

미모나 가족의 후광으로 덕 볼 일은 애초에 '제로'였다. 부도 명예도 없고 대단한 사회적 지위도 없다. 남편은 자신의 질문과 싸우는 동년배일 뿐이고 아이들은 우등생과는 거리가 멀다. 하지만 '이런 40대 여자의 인생도 가치나 의미가 있지 않을까'라는 물음에서 혼자만의 긴 여정을 시작했다. 그리고 5년 후, 마흔일곱 살에 소박하지만 진실한 나만의 답을 찾은 듯하다.

이제 남들의 인정을 원하지 않는다. 자랑도 하지 않는다. 자랑할 거리도 별로 없지만, 설사 생기더라도 자랑하고 싶은 욕구를 거의 느끼지 않는다. 혼자 있으면 혼자 있어서 좋고, 같이 있으면 같이 있어서 좋다.

아이들은 여전히 모범생이나 우등생은 아니지만 쳐다보기만 해도 예쁘다. 남편은 단점 많은 나약한 한 인간이지만 같이 나이 들어 가는 게 안쓰럽고 그에게 한없는 애정과 연민을 느낀다.

세상에 대한 불만도 별로 없다. 내가 돋보이지 않아도 좋고 다른 사람들과 대화하는 게 그저 즐겁다. 그리고 주어진 시간의 일부는 해야 할 일을 하면서, 일부는 내가 좋아하는 일을 하면서 충실하게 보낸다.

모든 시작은 조금만 건드려도 부서질 것 같던 5년 전 어느 봄날에 찾아왔다. 그 힘든 시간의 기억을 더듬어서 기록으로 남겼다. 평범한 여자가 중년으로 가는 과도기를 넘는 과정을 기록한 이 책이 중년의 문턱에서 우울감과 상실감에 눌려 있는 분들에게 작은 위로가 되었으면 좋겠다.

차례

| 프롤로그 | 이대로 살 수는 없다 싶어질 때 • 5

| Part 1 | **마흔 이후, 그 불안함에 대하여**

01 '나이 든 나'는 생각해 본 적 없기에 • 19
–마흔 이후의 고민, 낯선 나이

02 아프다, 아퍼 • 26
–마흔 이후의 고민, 건강

03 명품 가방이라도 들면 나아질까 • 33
–마흔 이후의 고민, 외모

04 끝없는 '노후자금 마련'의 피로감 • 41
–마흔 이후의 고민, 돈

| Part 2 | 마흔 이후를 탐색하다

05 청년도 아니고 노년도 아닌 그 애매모호함 • 49

–마흔 이후라는 시기

06 살아가는 이유를 묻다 • 64

–조금씩 또렷해지는 삶의 의미

07 영원을 꿈꾸면 절정을 놓친다 • 71

–청춘을 향한 집착을 경계하며

08 '아름다운 청년'이라는 신화 • 79

–'과거의 나'의 절반은 사실 '지금의 나'

09 자신의 '위치성'을 선택해야 할 때 • 87

–'인생의 가을'을 인정하는 태도

10 지나간 시간은 나와 당신 안에 살아 있다 • 95

–억울함을 흘려보내는 방법

11 다시 시작하려는 마흔에게 • 107

–마지막 불꽃을 태워도 좋다, 그러나 대가는 따른다

12 '돈, 돈, 돈'에서 벗어나기 • 118

–나의 인생 후반부는 '10억'보다 중요하다

13 지금이 바로 자기 관리가 필요한 시점 • 134

–'원하는 것'과 '가능한 것' 사이의 균형점 찾기

| Part 3 | 풍성한 가을의 마음으로

14 잃어 가는 게 아니라 자유로워지는 것 • 153

–무거운 의무와 여성성에서 해방되는 시기

15 '지금 여기'의 의미 • 159

–일상이 곧 행복임을 온몸으로 느낄 수 있는 나이

16 사회에 대한 관심과 애정 키우기 • 167

–자녀 세대가 더 행복하게 살기를 바라는 마음

17 공부의 즐거움을 만끽할 것 • 176

–'생활과 함께하는 공부'가 가능한 나이

18 새로운 기술을 배우는 용기가 필요하다 • 188

–유용한 지식과 무용한 지식을 모두 껴안는 태도

19 누적된 경험치를 자양분으로 삼아라 • 199

–이제 경험을 토대로 지도를 완성해 갈 시기

| Part 4 | 나이 듦의 의미

20 '젊음 숭배'의 그늘 • 211

–본능, 성적 시선, 자본주의를 넘어

21 나이 들어 좋은 점 • 224

–진정한 소확행을 누리는 기쁨

22 시간의 공평함 • 236

–의미 있게 시간을 보내는 기술

23 소박한 기쁨들로 풍성한 마흔 이후를 • 249

–작은 취미로 오늘 하루 잘 살기

24 나잇값에 대하여 • 269

–어디로 튈지 모르는 중년의 불안정성

| 에필로그 | 당당히 중년을 선언하다 • 283

Part 1

마흔 이후, 그 불안함에 대하여

01 '나이 든 나'는 생각해 본 적 없기에

-마흔 이후의 고민, 낯선 나이

늘 그렇듯이 변화는 예고 없이 찾아온다. 열 살 전에는 나이를 실감하지 못했고, 10대에는 오히려 해가 바뀌고 한 살씩 나이를 먹는 것이 신나는 이벤트였다. 나이에 대해 민감해지기 시작하는 시기는 20대 중반 이후부터였다. 취직과 연애, 결혼. 이런 인생의 중요한 이벤트들을 앞둔 나이여서 마치 스톱워치를 켜 둔 것처럼 시간에 민감했다.

20대에는 도저히 40대를 생각할 수 없었다. 건방지게도

‘그 나이에 더 살아서 뭐 하나?’라는 생각도 했다. 나이 많은 사람들에 대해 반감이 있는 것은 아니었지만 나 자신이 40세가 된다는 것은 구체적으로 상상하기 어려운 미래였다. 늘 어렸고 젊었기에 나의 어휘 사전에는 ‘나이 든 나’는 존재하지 않았다. ‘나이 듦’이란 것은 나와 관계없는 개념이었다.

30대에는 너무 바빴다. 취직과 결혼이라는 인생 과제를 겨우 해결하고 나니 30대가 되었다. 이제부터는 뭔가에 쫓기는 생활에서 벗어나 조금 더 여유 있게 살고 싶었다.

하지만 여유로운 시기는 아이가 태어나기 전까지였다. 기대감에 차서 엄마가 되었고 몸과 마음을 다해 정성껏 아이를 키웠다. 아이를 낳으니 10년이 훌쩍 지나갔다. 터울이 많은 아이들을 둘 낳고 키우면서 30대가 그야말로 쏜살같이 흘러갔다. 일하면서, 아이들 키우면서, 최소한의 집안일을 하면서 하루하루가 마치 전쟁 같았다. 행복한 순간이 정말 많았는데도, 전체적으로 보면 순식간에 지나간 시기였다.

둘째 아이를 늦게 낳아 키우다 보니 어느덧 마흔하나였다. 늦은 나이에 아이를 낳고 키우느라 몸은 엉망이 되었다. 아침에 일어나면 머리부터 발끝까지 안 아픈 곳이 없었다. 피부는 칙칙했고 염색을 하지 않으면 머리는 반백이었다. 우선 살아야 할 것 같아 둘째를 조금 어린 나이에 어린이집에 보냈다. 헬스클럽에 등록해서 운동을 했고, 아이 키우느라 늘어진 옷들을 다 버리고 산뜻한 옷들을 샀다. 나름 비싼 미용실에도 가고 가방도 사고 육아 때문에 중단했던 일도 다시 시작했다.

◎

그렇게 바쁘게 지내던 마흔둘의 봄이었다. 아이들을 학교와 어린이집에 보내고 거울 앞에 서서 내 얼굴을 봤다. 거울 속의 나는 내가 아닌 것 같았다. '이대로 마흔다섯이 되고 오십이 되는 건가?' 겁이 덜컥 났다.

30대에 50대를 그려 보는 것과는 차원이 달랐다. 30대에는 오십이 여전히 먼 미래였다. 동네 아이 엄마들과도 '이러다가는 금방 50대 되겠다'고 농담처럼 이야기하곤 했지만, 그래도 아직은 여유가 있었다. 장난삼아 나이를 이야기할 수 있다는 사실 자체가 나이 듦을 피부로 느끼지 못하고 있다는 증거였다.

마흔둘에 바라보는 오십은 현실이었다. 둘째 아이가 학교에 들어갈 때면 마흔여섯, 초등학교를 졸업하면 50대가 되는 것이다. 아마 둘째를 늦게 낳지 않았더라면, 아니 둘째가 없었더라면 나는 흐르는 세월에 대해 더 빨리 자각했을 것이다. 다른 여자들은 30대 후반부터 나와 같은 감정을 경험하는 것 같다.

그때부터 다시 책을 찾았다. 원래 책을 좋아했지만 30대에는 육아서 이외에는 책을 잘 읽지 않았다. 안 그래도 정적인 성격인데 책을 많이 읽으면 더 수동적으로 머무는 듯했기 때문이다. 무기력한 20대를 보냈던 나는 30대에는 일부러 책을 멀리했다.

하지만 40대가 되니 답답한 마음을 위로받을 곳이 책 외에 별로 없었다. 동네 독서 모임에 가입해서 다양한 책을 읽었다. 그러나 30~40대 엄마들의 관심사는 어느 정도 제한되어 있었다. 나는 서점에서 40대 이후의 삶에 대한 책을 찾기 시작했다. 거의 대부분의 책들이 '아직 늦지 않았다. 지금이라도 인생을 바꿀 수 있다'는 내용이었다. 그 방법은 주로 독서, 공부, 재테크, 자격증 따기 등이었다.

◎

독서와 공부가 필요하다는 사실에는 공감하면서도 반발심과 의문이 들었다. '그렇게 바꿔야 한다면, 지금까지는 인생을 잘못 살아왔다는 건가? 그냥 열심히 살았더니 시간이 흐르고 나이가 든 것뿐인데 그럼 열심히 산 것이 잘못인가? 꼭 바꿔야 하나? 잘 살고 있는지, 못 살고 있는지 그걸 누가 결정하나?'

돈이 더 많아서, 자격증을 몇 개 더 따서, 유명해져서 해

마흔둘에 바라보는 오십은 현실이었다.

30대에 50대를 그려 보는 것과는 차원이 달랐다.

지금까지 해야 할 일들에 충실하면서 열심히 살았지만,

정작 인생이라는 것에 대해 전체적으로 생각해 본 적이 없었다.

내 인생은 어디로 흘러가는 것일까?

결될 문제가 아니었다. 지금까지 해야 할 일들에 충실하면서 열심히 살았지만, 정작 인생이라는 것에 대해 전체적으로 생각해 본 적이 없었다. 이전까지 내 인생 계획은 딱 30대까지였다. 40세 이후, 50세 이후를 생각해 보지 않았다. 더구나 아이가 태어난 후에는 아이를 키우는 데만 관심과 신경이 쏠려 있어서 나 자신의 삶에 대해 진지하게 생각할 여유가 없었다.

내 인생은 어디로 흘러가는 것일까? 아이들 키우고 대학 보내고 나면 나에게 뭐가 남을까? 이제 은퇴 자금 마련 말고는 할 수 있는 게 없는 것일까? 그냥 이대로 돈 벌고 가족들끼리 살다 조용히 세상을 떠나는 것일까? 쓸쓸하고 씁쓸했다.

02 아프다, 아퍼

-마흔 이후의 고민, 건강

몸이 늙지 않는다면 아마 사람은 정신적으로도 미성숙한 상태를 벗어날 수 없을 것이다. 청소년들은 10대 후반의 신체적 변화를 겪으면서 어린아이에서 벗어나 비로소 사춘기를 맞이한다. 마찬가지로 40대 중반의 신체 변화는 노화가 먼발치에서 구경할 수 있는 남의 일이 아니며 노력한다고 피할 수도 없다는 사실을 자각하게 한다.

내 경우에는 피부나 몸매의 변화보다는 건강상의 문제

가 심각해졌다. 일단 노산 때문인지 온몸이 너무 아팠다. 키보드를 많이 두드리는 일을 하다 보니 아침마다 손목과 손가락 마디마디가 참을 수 없을 만큼 쑤셨다. 게다가 늦둥이를 키우느라 목, 어깨, 허리, 안 아픈 곳이 없었다.

그래도 헬스클럽에 등록하고 운동을 하며 두세 달이 지나면서 몸의 통증이 많이 사라졌다. 규칙적으로 운동하고 활동성을 높여 줬더니 몸도 아프지 않고 손발도 조금 따뜻해졌다. 한동안 밤에 두꺼운 양말을 신지 않으면 잠이 오지 않았는데, 운동을 시작하고 나서 양말을 신지 않고도 잠을 잘 수 있었다.

한편 눈 건강이 악화되었다. 원래도 시력이 좋지 않았는데, 갑자기 시력이 많이 떨어진 느낌이 들어 안과에 갔다가 내 눈의 상태가 심각하다는 사실을 알게 되었다. 시력은 부차적이고 시신경, 망막 등 전반적인 눈의 상태가 좋지 않았다. 잘못 관리하면 실명할 수도 있는 상태였다. 청천벽력 같았다. 시력을 잃는다면 도대체 뭘 할 수 있다는 말인가? 일은 고사하고 일상생활도 제대로 할 수 없을 것이다. 사랑하는 가족들의 얼굴도 볼 수 없다.

원래 시력이 안 좋은 상태에서 아이들이 잠든 밤에 컴퓨터 화면을 보며 늦게까지 일을 했던 것이 화근이었다. 계속 실의에 빠져 있기에는 아이들이 너무 어렸다. 인터넷으로 정보를 찾고 병원을 주기적으로 다니면서 눈 건강을 지키기 위해 노력했다. 눈에 좋다는 보조식품을 구입하고 눈에 무리가 가지 않는 라이프 스타일로 바꿨다. 일도 최소한으로 줄이고 꾸준히 운동을 했다.

다행히 눈 상태는 더 나빠지지 않고 어느 정도 안정적으로 유지되었다. 병원에서도 이대로 잘 관리한다면 큰 문제없이 시력을 유지할 수 있다고 했다. 한숨 돌리는가 싶더니 이번에는 목과 허리 통증이 찾아왔다. 난생처음 한의원에 다니면서 침을 맞고 뜸 치료를 받았다.

한의원에 다니면서 목과 허리 통증이 나아지자 그다음

에는 온몸이 간지러운 알레르기 증상이 나타났다. 참을 수 없이 간지럽고, 긁으면 그 부위가 보기 싫게 부어올랐다. 말로만 들었던 눈떨림도 왔다. 병원에서 마그네슘을 처방해 주며 눈떨림 같은 증상은 피곤하면 흔히 올 수 있지만 파킨슨병의 전조일 수도 있다고 했다. 원래 혈액순환이 좋지 않은 편이기에 더 우울해졌다.

계속되는 병치레에 실소가 나왔다. 갑자기 노인이 된 기분이었다. 그동안 부모님 나이대의 어른들을 뵈면 늘 건강 걱정에 여기저기 아프다는 말씀만 하셔서 이해가 안 되었는데, 이제는 그 마음이 이해되기 시작했다.

◎

그래도 40대 중반까지는 병원을 다니면서 평소처럼 생활할 수 있었다. '진짜 내 몸이 늙어 가고 있구나'라고 느끼기 시작한 시기는 40대 후반부터였다. 어떤 날은 한밤중에 깨어 보니 얼굴과 목, 배 등이 식은땀으로 덮여 있었다. 새벽

목, 어깨, 허리, 안 아픈 곳이 없었다.

계속되는 병치레에 실소가 나왔다.

갑자기 노인이 된 기분이었다.

에 화장실을 가느라 밤에 숙면도 취할 수 없었다. 방광도 근육이라 나이가 들면서 버티는 힘이 떨어지는 것이다. 남편도 마찬가지였다.

별문제 없이 평소처럼 건강하기만 하다면 나이 듦을 크게 의식하지 않았을 것이다. 그런데 잊을 만하면 건강에 적신호가 오니 노화를 자각하지 않으려야 않을 수 없었다.

이제 내일모레면 오십이었다. 40대까지는 그런대로 젊게 봐 주지만 50대는 도저히 젊다고 우길 수 없는 나이다. 화장, 염색, 옷 등으로 나이를 감출 수는 있지만 DNA에 각인된 생체 나이를 속일 수는 없다. 아무리 과학기술이 발달해도 자연의 질서와 규칙 앞에서 개개 인간은 무력하다.

흔히 나이를 의식하지 말고 살라고 이야기한다. 그렇게 사는 것이 바람직하다고. 나도 그렇게 하고 싶었다. 하지만 몸 여기저기에서 아프다고, 늙어 가고 있다고 아우성을 치는데 그 소리를 계속 외면할 수는 없었다. 그것은 내가 중년이라는 단계에 들어섰음을 알려 주는 기분 나쁘고 불친절한 경고였다.

03 명품 가방이라도 들면 나아질까

-마흔 이후의 고민, 외모

'중년 여성'은 어떤 모습일까. 좋게 표현해서 '중년 여성'이지 사실은 그냥 아줌마다. 요즘은 결혼하거나 아이를 낳아도 아줌마라고 부르지 않는다. 몸매가 날씬하고 옷차림이 세련되고 화장과 머리가 잘 정돈되어 있으면 40대 초반까지는 선뜻 아줌마라고 부르기 어렵다. 하지만 40대 후반부터는 아무리 예뻐도, 아무리 세련되어도 '아줌마' 말고는 달리 부를 말이 없다. 자타 공인 중년이 되어 버리는 것이다.

남성들의 경우에는 사정이 조금 나은 편이다. '미중년', '미노년'이라는 말이 유행할 정도로, 타고난 외모가 뛰어나면 나이가 들어도 그 매력을 인정받는 경우가 많다. 하지만 나이가 들수록 능력과 재산, 사회적 지위는 높아지는 경향이 있으므로 거기에 괜찮은 외모가 더해지면 '미중년'으로 인기를 끄는 것이다. 만약 경제적 뒷받침이 되지 않는 평범한 외모의 50대 남성이라면 그 역시 영락없는 '아저씨'일 뿐이다.

독서 모임에 나온 40대 여성들이 이구동성으로 말했다.

"요즘은 사진 찍는 게 너무 싫어."

"사진 속의 나는 내가 아닌 것 같아."

"거울 보는 것도 싫어. 엘리베이터에서 비친 내 얼굴이 진짜 나인가 싶어 깜짝 놀랄 때가 한두 번이 아니라니까."

"증명사진 찍을 일이 있어도 안 찍어. 그냥 옛날 사진 인화해서 쓰는 게 낫지."

사진 찍을 일이 있어도 되도록 뒤로 멀찍이 물러난다. 가

외모에 많이 집착하는 편이 아니었던

나도 중년이 되니 외모의 변화 때문에 우울해지곤 했다.

예전에 어른들이 "젊다는 것 자체로 눈이 부시다"라고 하시던

말씀을 비로소 이해하게 되었다.

까이서 찍으면 주름이나 피부 잡티가 더 도드라져 보이기 때문이다. 전에는 몰랐다. 엄마와 엄마 친구들이 찍은 사진은 왜들 그렇게 표정이 어색했는지. 팔자주름이나 눈주름을 드러내지 않으려고 신경 쓰다 보니 표정이 밋밋해지고 부자연스러워지는 것이었다.

◎

여자들이 명품 가방에 집착하게 되는 시기도 대략 40대부터인 듯하다. 요즘은 나이에 상관없이 명품 가방을 좋아하지만 보통의 20~30대는 비싼 가방을 들고 다니기가 스스로도 조금 어색할 수 있다.

20대는 그 자체로 빛이 날 때다. 사람들은 가방이나 옷보다는 20대의 생기와 빛나는 피부, 폭발할 것 같은 에너지에 주목한다. 30대는 직장 여성이라면 한창 일에 바쁠 때이고, 결혼한 전업주부라면 아이들 키우느라 눈코 뜰 새 없는 나이다. 인생에서 가장 할 일이 많을 때라서 명품 가방보다는 실용성 있는 가방이 어울린다.

하지만 40대부터는 본인도 그렇고 다른 사람들도 '좋은 가방이 한 개쯤 있어야 하는 나이'라고 생각한다. 나도 40대 중반을 넘어서면서 중년 여성들이 명품 가방을 선호하는 이유를 점점 이해하게 되었다.

일단 나이가 들면 몸매가 두루뭉술해지면서 실루엣이 살지 않아, 아무리 좋은 옷을 입어도 태가 나지 않는다. 중년 여성들이 라인을 감추는 원피스를 입는 이유를 자연스럽게 알게 되었다. 몸매가 날씬하다고 젊은이처럼 입을 수도 없다. 목, 팔, 무릎, 다리 등 조금씩 다 나이 들어서 젊은 스타일의 옷이 잘 어울리지 않는다.

그래서 옷은 단순하게 입고 대신 가방에 힘을 준다. 옷에 투자해도 별로 티가 나지 않으니 사람으로부터 독립된 가방에 투자하는 것이다. 어찌 보면 중년이란, 액세서리나 가방으로 희미해져 가는 자신의 매력을 유지하려고 애쓰는, 서글픈 시기인 셈이다.

게다가 비싼 가방을 들면 굳이 나를 설명할 필요가 없다. 어떤 곳에 살고 재산은 어느 정도인지 애써 에두르지 않아도 된다. 가방이 곧 경제력을 드러내기 때문이다. 적어도 '대충 입고 나왔지만 돈이 없지는 않다'는 구차한 변명은 할 필요 없다.

◎

언젠가부터 TV 프로그램에는 40대 후반이면서 20대처럼 보이는 '최강 동안녀'들이 등장한다. 함께 20~30대를 보낸 연예인들은 40대 중반이 넘어서도 여전히 귀티가 나고 우아하다. 밀착 관리를 받는 연예인들과 일반인이 같을 수 없는데도, 우리의 눈높이는 이미 터무니없이 높아져 있다. 또래 아줌마들을 보면서 동병상련의 감정을 느끼기보다는 연예인들의 늙지 않는 외모를 보며 한숨을 쉰다.

외모에 많이 집착하는 편이 아니었던 나도 중년이 되니 외모의 변화 때문에 우울해지곤 했다. 예전에 어른들이 "젊다는 것 자체로 눈이 부시다"라고 하시던 말씀을 비로소 이해하게 되었다. 또래 중년 여성들이 모이면 아이들 공부 외에 입에 가장 많이 오르내리는 화제가 보톡스, 필러 같은 '쁘띠 성형'이다. 동년배 여성 중에서 조금 더 젊어 보이는 사람들은 알게 모르게 조금씩 의술의 힘을 빌리고 있었다.

이런 상황이 혼란스러우면서 무섭게 느껴졌다. '쁘띠 성형이라고 해도 혹시 나중에 더 이상해지지는 않을까?', '나이 들어서 얼굴에 손대면 인상이 확 변한다던데 괜찮을까?' 무엇보다도 이런 것에 신경 써야 하는 내가 싫어지고 슬퍼진다. 100세 인생이니 앞으로 살날이 50년이나 남았는데 점점 더 외모 때문에 스트레스 받으면서 살아야 하는 것일까? 생각만 해도 암담했다.

내가 내 외모를 바라보는 기준은 '현재의 나'가 아닌 '과거의 나'다. 가장 젊고 파릇파릇할 때에서 무려 20년이라는 시간이 흘렀는데도 내 눈은 여전히 '예전의 나'에 맞춰져 있다. 세상을 더 오래 산 어른들은 "지금이 남은 삶 중에서 가장 젊고 예쁠 때다"라고 말씀하지만, 위로가 되지 않는다. 미래의 나를 모르기도 하고, 다가오지도 않은 미래의 나를 기준으로 삼을 수는 없기 때문이다.

그래, 솔직해지자. 전혀 위로가 되지 않는다. 속상한 건 속상한 거다. '좋은 가방이라도 들어 볼까' 고심하고 있는 내 모습이 정말 속상하단 말이다.

04 끝없는 '노후 자금 마련'의 피로감

– 마흔 이후의 고민, 돈

평범한 중년 남녀들이 가장 신경을 많이 쓰는 부분은 사실 '노후 대비'다. 중년을 받아들이든 받아들이지 않든 40대를 거치며 슬슬 은퇴 자금 마련을 걱정하게 된다. 특히 우리나라가 오래 일할 수 없는 사회·경제구조로 바뀌고 있는 상황이어서 자녀가 있는 중년들의 걱정은 더 크다. 그래서 '중년'에 대한 이미지는 거의 '노후 자금 마련', '노후 대책'과 동일시되는 분위기다.

나는 걱정이 많은 편이어서 결혼하면서부터 절약하고 저축하는 데 신경을 많이 썼다. 그렇게 10년을 악착같이 살아오면서 40세가 되었다. 매년 저축 계획을 세웠고 해가 바뀌면 그 목표가 달성되었는지 나름 평가해 보고 '내년에는 더 많이 저축해야지'라고 다짐도 했다. 그런데 40대 중반부터는 그런 팽팽한 삶에 조금씩 지치기 시작했다. 절약하고 저축하는 데 싫증 났다는 뜻은 아니다. 나를 힘들게 한 것은 우리 사회에서, 보통 사람들의 삶에서 일종의 명제가 되어버린 '노후 자금 마련'에 대한 피로감이었다.

도대체 얼마나 있어야 한다는 말인가? 20년 전만 해도 10억이면 충분하다는 것이 중론이었다. 하지만 요즘에는 10억도 부족하고 20억은 있어야 한다고 말한다. 아니, 최소 30억은 필요하다는 의견도 많다. 무슨 일이 생길지 모르기 때문이다. 나이 들어 수입이 없으면 무시당하니까 '죽을 때까지 일하겠다'는 글도 본 적이 있다. 일하다 죽으려고 태어난 것도 아닌데 인간의 삶을 경제적 측면에서만 바라보는 그런 시각이 불편하고 불만스러웠다.

◎

물론 먹고사는 일은 가장 기본적이면서 중요한 문제다. 나도 30대, 40대 초반까지는 '무조건 젊을 때 모아야지'라는 생각에 절약하고 저축하고 돈을 불리기 위해 애썼다. 하지만 40대 중반이 지나면서 그 모호한 '노후 자금'의 실체에 대해 현실적으로 생각해 보기 시작했다. 어쩌면 우리 모두 속고 있는 것은 아닌지. 인간이라면 누구나 가지고 있는 원초적인 불안감에 '많을수록 좋다'는 자본주의적 사고방식, '나이 들어 돈 없으면 무시당한다'는 사회적 통념이 더해져 밑도 끝도 없는 돈 벌기 대열에 내몰리고 있는 것은 아닌지.

2부에서 조금 더 자세히 다루겠지만, 노후를 위해 절약하고 라이프 스타일을 정리하고 현명하게 재테크를 하는 것도 분명 중요하다. 하지만 노후에 대해 고민하고 준비할수록, '돈'은 문제의 일부라는 생각이 들었다. '100세 시대'임을 감안하면 은퇴 연령은 50대 중반인데 수명은 그 후로도 거의 50년이 남아 있다. 그동안의 경력과 경험, 또는 원래 해 보고 싶었던 다른 관심사와 취미를 살려 제2의 커리어를 갖고 20년 정도는 의미 있는 사회 활동을 할 수 있다고 생각한다.

무엇보다도 생계 걱정, 돈 걱정만 하다가 죽는 모습이 내가 바라는 인생은 아니다. 삶에는 그보다 더 큰 의미가 있다. 40대 중반에 찾아온 신체적 변화는 잠시 멈추고 다른 각도에서 남은 생을 바라보고 계획하라고 말해 주고 있었다. 조금 더 큰 관점으로 후반기 인생의 시간, 에너지, 행복, 건강의 우선순위를 설계하라고 충고하고 있었다.

도대체 얼마나 있어야 한다는 말인가?

어쩌면 우리 모두 속고 있는 것은 아닌지.

'나이 들어 돈 없으면 무시당한다'는 사회적 통념에 의해

밑도 끝도 없는 돈 벌기 대열에 내몰리고 있는 것은 아닌지.

Part 2

마흔 이후를 탐색하다

05 청년도 아니고 노년도 아닌 그 애매모호함

–마흔 이후라는 시기

중년이란 한마디로 낀 세대다. 인생을 전반기와 후반기로 나눈다면 유년기, 청소년기, 청년기가 전반기에 해당하고 중년기와 노년기는 후반기에 포함될 것이다. 3단계로 나눈다면 유년기를 1단계, 청년기를 2단계, 노년기를 3단계로 볼 수도 있다. 이 경우에는 청소년기가 1단계와 2단계의 과도기이고, 중년기가 2단계와 3단계의 과도기가 된다. 어떻게 분류하든 중년기는 청소년기에 이어 두 번째로 맞는 애매모호한 시기다.

중년이 우울하게 느껴지는 것은 절정에서 조금씩 시들어 가는 꽃 같은 느낌을 주기 때문이다. 아예 바싹 말라 버리거나 씨만 남은 식물보다 활짝 핀 후에 조금씩 색깔이 바래고 생기가 사라지는 식물이 더 보기 싫은 법이다.

피고 지는 것이 자연의 이치라는 사실을 안다면 쇠퇴기를 불쾌하게 바라볼 이유는 없다. 다만 일본 작가 사카이 준코의 말처럼 '시들지 않으려고 안간힘을 쓰는 세대'가 중년이기에 중년은 서글프게 느껴진다.

나이보다 젊게 입고 젊은 음악을 듣고 젊은이들과 어울리면 활력이 생기고 젊어진 느낌이 든다. 개인적으로는 이런 행동을 나쁘다고 보지 않는다. 풀 죽어 있고 우울한 표정으로 권태감에 찌들어 사는 것보다는 이렇게라도 활기차게 사는 것이 나을지 모른다. 사실 사회도 우리를 이렇게 살도록 부추긴다. TV에서는 '당신은 여전히 젊고 매력적이에요. 이 옷을 입고 이 신발을 신고 이런 라이프 스타일로 살면 계속 매력적이고 젊게 보일 수 있을 거예요'라고 말하며 중년과 노년 소비자들을 유혹한다.

젊고 예쁜 것, 싱싱한 것, 절정인 것이 아름답다는 데 동의한다. 하지만 '보기 싫다', '추하다'는 판단에는 가치가 개입되어 있다. 자연의 세계에서는 '보기 싫은 것'이 의미마저 없지는 않다. 사실 보기 싫은 데는 그럴 만한 이유가 있다. 보기 싫다는 것은 남에게 매력이 없다는 뜻이다. 자연의 세계에서는 매력이 없다는 것은 곧 외부의 주목을 받을 이유가 없다는 말과 같다. 더 이상 이성을 유혹할 필요가 없고 사랑을 받을 이유가 없다. 단순하게 본다면 생산력이 감퇴해 가고 서서히 사라져 가는 시기. 그것이 중년기다.

자연의 이치에는 다 의미가 있다는 점을 생각해 보면 중년의 쇠퇴하는 생산성은 우리에게 어떤 메시지를 전해 주는지도 모른다. 어쩌면 외부에 시선을 돌리지 말고 자신에게 집중하라는 의미일 수도 있다. 시선을 뺏는 방해거리, 외부의 유혹에서 벗어나 인생 후반부에 맞게 서서히 자신의 삶을 재정비하라는 신호일 수도 있다.

◎

나는 인생의 각 단계에 의미가 있다는 생각을 버릴 수가 없다. 책에 그렇게 쓰여 있기 때문이 아니다. '사람은 나잇값을 해야 한다', '분수에 맞게 살아야 한다'는 고리타분한 말을 믿기 때문이 아니다. 그냥 어느 시점부터 나의 몸과 마음속에서 '더 이상은 아니다. 이제 그럴 시기는 지났다'는 외침이 조금씩 들리기 시작했기 때문이다.

만약 여전히 머리가 검고 얼굴에 주름도 없고 탄력이 넘쳤다면 이런 외침을 쓸데없는 생각이라고 치부하며 밀어냈을지도 모른다. 하지만 노화 덕분에 인생의 어떤 단계를 지나고 있음을 본능적으로 느꼈기에, 바로 그렇기 때문에 '시들어 가는 젊음이 우리에게 중요한 사실을 알려 주는 메신저'라는 생각을 버릴 수 없다. 육체가 여전히 젊었더라면 그 젊음에 도취되어 자연이 보내는 신호를 무시하고, 그렇게 중요한 시기를 놓친 후 다음 단계에 무방비 상태로 내팽개쳐졌을지도 모른다.

나는 인생의 각 단계에 의미가 있다는 생각을 버릴 수가 없다.

시들어 가는 젊음이 우리에게

중요한 사실을 알려 주는 메신저라는 생각을 버릴 수 없다.

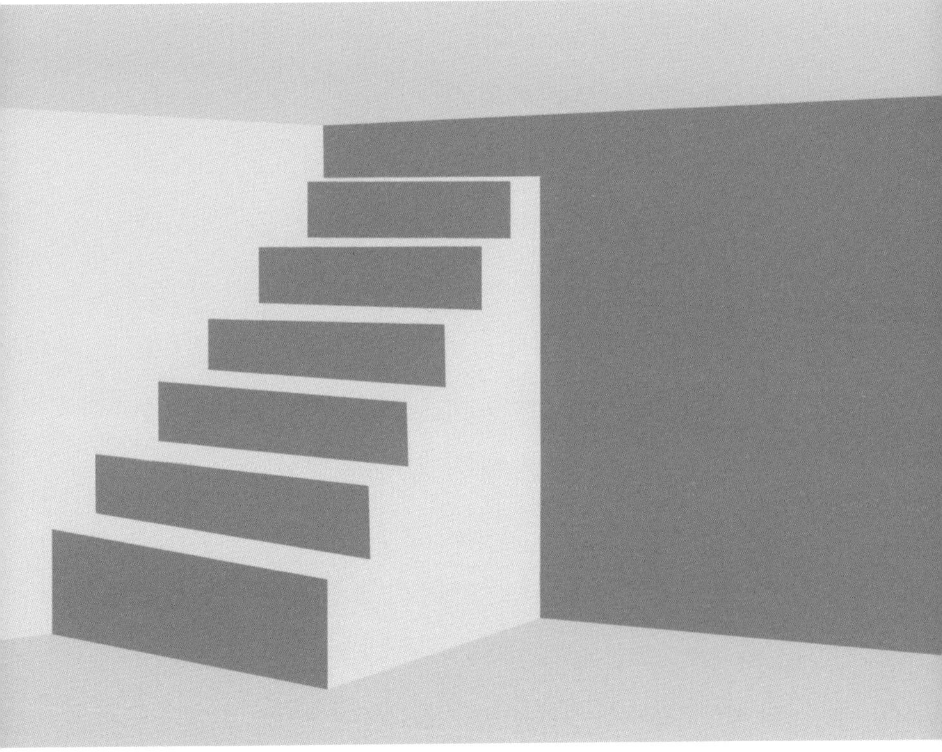

같은 맥락에서, 의술의 힘을 빌리고 돈을 조금 들여 젊어 보이는 시기를 최대한 늘리면, 그렇게 몇 년, 아니 10여 년이 지난 후에는 지금 느끼는 간극이 더 혹독해질 수도 있다는 생각이 들었다. 아이가 청소년기를 뛰어넘어 어느 한순간에 어른이 될 수 없듯이 청년이 갑자기 노년이 될 수는 없다. 유년기와 청년기 사이에 청소년기가 있고 그 시기에 아이들은 각자의 반항, 질풍노도, '미친 짓'을 거쳐 어른이 된다. 어른 못지않게 껑충 자란 신체, 왕성한 성호르몬의 분비가 순진하던 아이를 청소년으로 만들어 놓는다. 청소년기를 거치지 않은 아이들이 고단한 어른의 세상에서 직업을 갖고 돈을 벌며 살 수 있을까? 마찬가지로 파릇파릇한 청년에서 하루아침에 노인이 될 수는 없다. 만약 그렇다면 깊은 우울감과 불안감, 극단적으로는 삶을 포기하고 싶은 생각에 휩싸여 청년기가 끝나기 전에 인간은 다 자살할지도 모른다.

청년기가 미래를 향해 정신없이 질주하는 시간이라면 노년기는 과거를 곱씹고 정리하는 시간이다. 그렇다면 중년의 시간성은 어떤 것일까? 한 사람의 인생에서 중년이란 어떤 의미와 역할을 가지고 있을까?

서양에서는 의외로 중년의 만족도가 가장 높다는 설문 조사 결과를 보고 깜짝 놀란 적이 있다. 경제활동과 육아로 바쁜 30대의 만족도가 가장 낮고, 20대의 만족도가 두 번째로 낮았다. 50대는 돈 벌고 아이들을 키우면서 헉헉대는 시기가 지나고 비로소 숨을 돌리는 시기라는 것이다. 나이가 아주 많지도 않고, 아직은 육체적인 힘이 남아 있는 시기. 그들은 중년을 그렇게 바라보고 있었다.

에릭슨이 말하는 중년기의 과제

인생에는 여러 개의 단계가 있으며, 각 단계마다 다른 의미와 역할이 있다는 주장을 처음 한 사람은 독일 출신의 미국 심리학자 에릭 에릭슨이다. 에릭슨은 인생을 성공적으로 살기 위해서 각 단계별로 발생하는 독특한 갈등을 해소해야 하며, 중년기는 생산성 대 침체(자기 몰입)의 갈등이 주가 되는 시기라고 주장했다. 자녀를 낳고 기르는 것뿐만 아니라 직업을 통해서 성과를 만들고 이상을 세우는 활동도 생산성에 포함된다. 중년기에는 생산성이 결핍되기 때문에 기분이 가라앉기 쉬우며, 자신의 성장 시기 경험이 공허하고 좌절감을 느꼈을 경우 자녀의 요구가 아닌 부모 자신의 요구로 자녀들을 몰아붙이는 경우가 많다고 한다.

한편 에릭슨은 생의 마지막 단계인 노년기에 '원숙기(maturity)'라는 이름을 붙이고 이 시기에는 통합(자아 정합성) 대 절망감의 갈등이 나타난다고 분석했다. 자아 정합성이란 자신의 인생을 있는 그대로 받아들여 자신의 유한성을 인정하고 죽음까지 수용하는 것을 의미한다. 이 단계에 기본적으로 해야 하는 일은 '자신의 일생을 성찰하는 것'이며, 이 과제에 실패할 경우 만회할 수 없는 후회와 비통함에 빠지게 된다고 한다.

노인이 되면 신체적 상실과 사회적 상실, 경제적 상실을 경험하면서 스스로를 '쓸모없는 인간'이라고 인식하게 된다. 이런 절망감을 극복하기 위해서는 '자신의 생애는 그럴 수밖에 없었으며 많은 실수와 약점에도 불구하고 다른 어떤 것에 의해서도 대치될 수 없는 것으로 수용하고 받아들이는 태도'가 필요하다. 에릭슨은 이런 태도를 '자아 통합'이라고 불렀다. 자기 인생을 돌아보고 설사 살아오면서 많은 실수를 했더라도 '그것은 어쩔 수 없는 일이었다. 나는 그것을 내 생의 행복했던 일들과 함께 받아들이겠다'는 자기 고백을 이끌어 내는 것이다.

철학자처럼 느긋하게 나이 드는 법

그렇다면 중년기에 할 일은 생산성 감퇴로 인한 좌절감을 자녀에게 돌리지 않고, 그들의 성취를 통해 나의 절망감을 만회하려고 하지 않는 것으로 충분한가? 이것만으로는 중년기의 역할이 모호하다.

이 지점에서 철학을 쉽게 풀어서 대중에게 소개하는 미

"스스로 내 키는 어느 정도 되어야 한다고
내 눈은 파란색이어야 한다고 정할 수 없듯이,
스스로 청년이 되겠다고 선택할 수 없다."
-대니얼 클라인

국 작가 대니얼 클라인을 만났다. 클라인은 저서 『철학자처럼 느긋하게 나이 드는 법』에서 "우리는 각자 자신의 참모습 그대로 살아야 한다"라는 프랑스의 실존주의자 장 폴 사르트르의 말을 인용한다. 그리고 '스스로 내 키는 어느 정도 되어야 한다고 내 눈은 파란색이어야 한다고 정할 수 없듯이, 스스로 청년이 되겠다고 선택할 수 없다'는 설명을 덧붙인다.

클라인은 인간의 욕구와 능력이 인생의 시기마다 변한다는 사실을 인정해야 하며, 이 사실을 부정하는 것은 단계별로 성취감을 얻을 수 있는 기회를 놓치는 것과 마찬가지라고 말한다. 노년에 접어든 사람이 이성의 꽁무니나 쫓아다닐 시기는 지났다고 생각하면서도 성호르몬 주사를 맞는다면, 그는 사르트르의 말처럼 자신의 참모습으로 사는 게 아니라는 것이다. 그런 행동은 자기 자신을 주체로 대하지 않고 객체, 일종의 성적 대상으로 대하는 것과 다르지 않다고 클라인은 이야기한다.

만약 정말로 성적 대상으로 남고 싶다면 성호르몬 주사를 맞는 것은 부러진 뼈를 고치는 것처럼 이해할 만한 행동이지만, '그다지 원하지도 않는 것을 원하고 싶어 하는 것'은 자신에게 진실하지 않으며 자신을 위조하는 태도라는 뜻이다.

여기서 중요한 힌트를 하나 얻었다. 무엇보다도 '나 자신을 어떻게 생각하느냐'가 중년기 자아 정합성을 결정하는 핵심 요소라는 것이다. 즉, 물리적 나이와 관계없이 '내가 진짜 원하는 것'을 알아내는 일이 중요하다. '나는 여전히 매력적일 수 있고 매력적으로 보이고 싶어. 이 나이에도 충분히 이성에게 사랑받을 수 있고 관심을 받고 싶어'라고 생각하는 사람과 '이제 이성에게 잘 보이려고 애쓰는 시기는 지났어. 그런 시절은 20대, 30대로 충분해. 나는 이제 다른 걸 찾아 나설 거야'라고 생각하는 사람의 행동은 결코 같을 수 없다.

물론 나도 여전히 젊음이 아쉽다. 하지만 '오십이 넘어서도 여전히 팽팽하고 매력적으로 보이는 것'이 내가 진정으로 원하는 것은 아니다. 지나간 20대 청춘이 아쉽고 그립다고 해서 그 시절로 돌아가고 싶지는 않은 것처럼. 하룻밤을 새워도 그다음 날 멀쩡하게 회복할 수 있었고, 화장을 하지 않아도 피부에서 빛이 나던 시절. '그때가 제일 좋을 때다', '열심히 살아야 한다'는 말을 지겹게 들었으며, 원대한 꿈을 가지고 세상을 품에 안을 것을 강요받았던 그 시절. 하지만 그때는 내가 정말로 무엇을 원하는지 알 수 없었고 세상은 내가 이해할 수 없는 괴물처럼 느껴졌다. 내 힘은 너무 미약했고 자제력도 인내심도 없었다. 무엇보다도 스스로를 믿을 수 없었다.

우리는 과거에 대해 좋았던 점만을 기억한다. 청춘이 좋고 그립다는 추억은 청춘의 빛만을 그리워하는 것이다. 모든 지질함, 초라함, 굴욕감까지 다 가져가야 한다고 가정하면 20대로 돌아가기를 원하는 사람은 많지 않으리라. 지금 내가 가지고 있는 것들, 내 가족, 직업, 사회적 위치, 인간관계는 변변하지 못했던 20대와 전쟁 같았던 30대를 하루하루

온몸으로 살아 내면서 나 스스로 만들어 온 것이다.

불혹이 지나도 여전히 흔들리고 원숙미가 아닌 아줌마스러움만 남았을지라도 나는 분명히 나아졌다. 예전에는 하루에도 열두 번 마음이 바뀌었다면, 지금은 계획한 일을 다소 우여곡절이 있더라도 장기적으로 밀고 나갈 수 있다. 그렇게 할 수 있다는 것을 나 자신이 안다. 이것이 20대에 비해 달라진 모습이다. 정직하게 지나가는 시간과 뼈아픈 실수, 후회, 불면의 밤을 대가로 치르고 얻어 낸 것들이다. 직접 살아 냄으로써만 얻을 수 있는 것들을 다 내어 주고 다시 벌거벗은 채로 세상에 나가고 싶지는 않다.

아직도 많은 것이 모호한 가운데 한 가지는 확실히 알았다. 내가 원하는 것이 20대, 30대로 돌아가는 것은 아니라는 사실을. 그 마음은 그저 지나간 청춘에 대한 아쉬움, 자연스럽고 인간적인 감정일 뿐이다.

에릭슨이 말한 '자아 정합성'은 노년에만 해당되는 것은 아니었다. 중년도 자신의 현재 모습을 바라보면서 '모든 실수와 함께 살아왔고 이렇게 살아올 수밖에 없었다'는 사실을 인정해야 한다. 만약 지금까지의 삶이 후회투성이였고 정말로 돌이키고 싶다면, 기회는 있다. 아직 인생의 마지막 단계인 노년기에 진입하지 않았으므로.

06 살아가는 이유를 묻다

-조금씩 포렷해지는 삶의 의미

중년의 삶을 이해하기 위해서는 아무래도 그다음 단계인 노년기를 살펴보지 않을 수 없다. 그런데 노년기를 들여다보면 하나의 문제와 만난다. 그것은 바로 '죽음'이다.

죽음은 철학이 탄생한 이유이자 인간이 직면한 부조리의 궁극적인 원인이다. 인류는 지난 수십 세기 동안 이 문제와 씨름해 왔지만 뚜렷한 답을 낼 수 없었다. 그 사실을 알면서도 짚고 넘어가지 않을 수 없는 이유는 나도 모든 이들과 마찬가지로 태어나고 죽는 한 생명이자, 의식을 가진 한 인간이기 때문이다. 죽음 역시 노화와 마찬가지로 남의 일이 아니라 바로 나 자신의 일이기 때문이다.

◎

철학자들은 우리가 죽음을 두려워하기 때문에 사는 동안 되도록 죽음을 잊으려 하고, 죽은 후에도 사람들에게 기억될 수 있는 여러 가지 방법을 시도한다고 말한다. 대표적인 방법은 기억할 만한 업적을 남겨서 유명해지는 것이다. "호랑이는 죽어서 가죽을 남기고 사람은 죽어서 이름을 남긴다"라는 말이 있듯이 개인의 삶에 의미를 만들어 내려는 노력인 동시에 영원히 죽지 않으려는 무의식적인 발버둥인 셈이다.

한편 진화심리학자들은 이런 발버둥을 '종족 보존을 위해 이성을 유혹할 만한 매력을 갖추라'는 유전자의 명령에 대한 반응으로 해석한다. 제프리 밀러는 저서 『연애』에서 유며 감각을 갖추거나, 기부와 봉사 활동으로 사람들의 존경을 받거나, 심지어 성직자가 되려는 노력조차도 그 가장 밑바닥에는 DNA에 새겨진 우리의 본능이 자리 잡고 있다고 분석한다. 삶의 의미를 만들어 내려는 모든 노력이 본능에 충실한 결과일 뿐이라는 것이다. 이 말이 옳다면, 우리는 평생 유전자의 지배를 벗어날 수 없는 가련한 생물이다. 다른 생물과 구별되는 점이라면 그런 사실을 우리가 '인식'하고 있다는 것뿐.

반면 철학자들은 진화심리학자들과 달리 인간에게 '자유의지'가 있다고 생각하고 싶어 한다. DNA가 우리의 모든 행동을 지배하는 것이 사실이라고 해도, 우리는 여전히 우리 삶의 어떤 부분에 대해서는 결정권을 갖고 있다는 것이다. 세상을 꿰뚫어 보는 통찰력을 갖고서 그런 결정권조차 없다면 태어난 것 자체가 저주일 수도 있으니까.

진화심리학적 관점에 동의하더라도 의미 있는 삶을 살고 싶어 하는 욕구를 버릴 수는 없다. 인간은 육체적인 한계

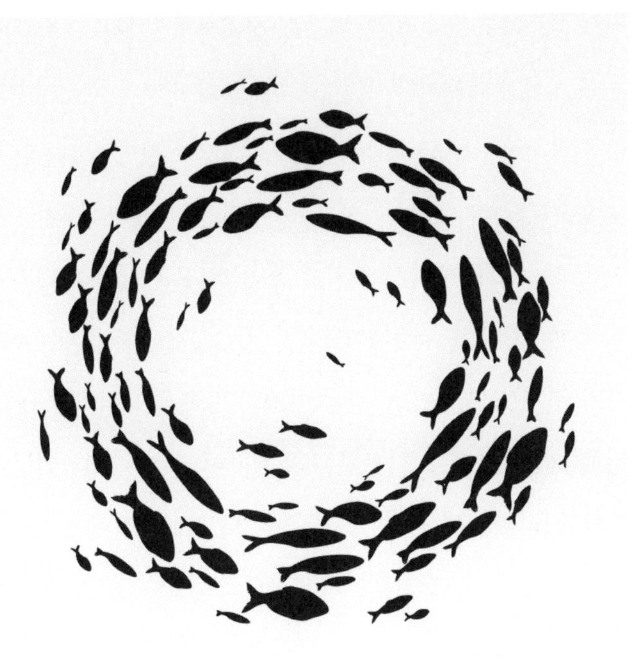

어느 정도 나이가 들면 철학에 관심 없는 사람이라도

자신이 '어떤 거대한 흐름'에 속해 있다는 것을

본능적으로 느끼게 된다.

에도 불구하고 삶과 죽음, 우주의 신비까지 통찰하고 탐구하는 존재이기 때문이다. 어떤 사람들은 삶이 기본적으로는 의미 없음(우연히 세상에 던져진 존재임)을 깨닫고 절망하거나 스스로 삶을 마감하기도 하지만, 나를 포함한 대부분의 사람들은 어떻게든 오래, 행복하게 살고 싶어 한다. 그러기 위해서는 내 삶에 '의미'를 부여해야 한다. 어떤 사람들에게는 '100억 부자 되기', '세계 여행' 같은 구체적인 목표가 의미일 테고, 어떤 사람들에게는 '하루에 세 번 감사하기', '나보다 어려운 사람들을 항상 생각하기' 같은 삶의 태도가 의미일 것이다.

영국의 철학자이자 저술가인 버트런드 러셀은 삶을 단절된 것이 아니라 연속적·전체적 관점에서 바라봐야 하며, 이런 관점이 확립된 사람은 어떤 운명을 산다고 해도 본질적으로 행복할 수 있다고 말한다. 그는 저서 『행복의 정복』에서 "아주 잠깐이라도 위대한 정신(생명의 신비, 우리가 거대한 생명의 흐름의 한 부분이라는 사실)을 느껴 본 사람은 사소한 불운에 안달하거나 자신에게 닥쳐온 불운을 두려워하지 않는다. 인간의 생명은 짧고 하잘것없지만, 인간 개개인의 정신에는 우주 안에 존재하는 모든 가치 있는 것들이 집약되어 있다는 점을 깨닫게 될 것이다. 상황에 끌려다니는 사람처럼 두려움을 느끼지 않기 때문에 실제 삶에서 어떤 곡절을 겪는다고 해도 내면으로는 늘 행복한 사람일 것이다"라고 말한다.

어느 정도 나이가 들면 철학에 관심 없는 사람이라도 자신이 '어떤 거대한 흐름'에 속해 있다는 것을 본능적으로 느끼게 된다. 특히 자식이 있는 사람이라면 스스로가 꽃을 피운 후 자신의 모든 양분을 열매에게 기꺼이 주고 시들어 가는 식물과 본질적으로 다르지 않다는 사실을 깨달을 것이다. 나도 아이와 함께 동물원에 갈 때마다 새끼를 살뜰하게 보살피는 동물들을 보면서 부모로서 동질감이 느껴져 눈물이 핑 돌곤 했다. 자식이 없는 사람 역시 모든 것을 내어 주고 점점 작아지는 부모님을 보면서 자신이 거대한 생명의 흐름의 일부임을 느낄 수 있을 것이다.

내 삶의 의미는 그것으로 충분하다. 인간이 살아가며 만들어 내는 거대한 흐름 안에서 사랑하는 사람들과 이어져 있음을 느끼는 것. 그리고 그 삶의 의미가 죽음을 초월한다. 중년의 시기에 그 의미를 단단히 찾아 두면 이어질 노년도 두렵지 않을 것이다.

07 영원을 꿈꾸면 절정을 놓친다

-청춘을 향한 집착을 경계하며

나라는 개별 존재가 신비로운 우주의 한 일부이며 내가 죽어도 인간 유전자의 어느 한 부분으로 남아 있으리라는 사실이 아주 약간의 위로를 주기는 한다. 하지만 평범한 사람들이 그것만으로 아무 미련 없이, 두려움 없이 노화와 소멸을 받아들이기는 어렵다. 더구나 지금은 돈만 있으면 어느 정도 '표면적인 젊음'을 살 수 있는 세상이다. 신문이나 TV에는 70세가 넘은 나이에도 여전히 정력적으로 활동하는 사람들이 나오고, 사람들은 그들을 부러워한다. 그렇다면 되도록 오래, 정열적으로 생산 활동을 하는 것이 우리가 지향해야 할 자세일까?

대니얼 클라인은 '영원한 청춘에 매달리는 현대인들'이라는 말로 이런 태도를 설명한다. 이들은 지루함에 맞서 싸우기 위해 전략적으로 바쁘게 살기를 택한 사람들이라는 것이다. 철학적인 관점에서 본다면 죽음에 대한 두려움 때문에 '영원한 청춘'에 집착하는 것인지도 모른다. 청년기는 중년기, 노년기에 비해 죽음에서 멀리 떨어져 있으며, 청년들처럼 정열적으로 산다면 적어도 그 순간만큼은 자신이 늙어 가고 죽음에 가까워지고 있다는 사실을 잊을 수 있을 테니까.

이런 태도를 뭐라고 할 수만은 없다. 나도 한때는 이런 삶이 바람직하다고 생각한 적이 있다. 다만 전에 비해 달라진 점이 있다면 이렇게 '영원한 청춘'을 지향하는 삶의 이면에는 노년을 거부하는 태도가 숨어 있다는 사실을 알아차렸다는 것이다. 하지만 인생의 각 단계가 우리에게 필요하고 각 단계를 충실히 살아야 충만한 인생을 살 수 있다면? '영원한 청춘'만을 지향한다면 아주 중요한 것을 잃게 되는 셈이다.

◎

실존주의나 현대 심리치료의 관점에서는 인생의 진실을 부정하는 자세보다 치명적인 것은 없다고 한다. 자신을 부정하면서 사는 사람은 완전히, 그리고 진실하게 살아 있다고 말할 수 없기 때문이다. '실존주의의 아버지'라고 불리는 쇠렌 키르케고르는 인간이 궁극적으로 부정하는 것은 자신이 언젠가는 죽어야 할 존재라는 사실이라고 말했다. 우리는 사후 세계를 믿거나 자신의 업적을 통해서 '계속 살아 있는' 존재가 되리라 믿는 등 다양한 전략으로 죽음을 직면하지 않으려고 한다는 것이다. 그래서 인간은 한번 주어진 인생을 완전히 진실하게 살지 않는다고 진단한다.

클라인은 노화를 부정하는 것과 죽음을 부정하는 것은

인간은 한번 주어진 인생을

완전히 진실하게 살지 않는다.

– 쇠렌 키르케고르

완전히 같지는 않지만 둘 사이에는 밀접한 관계가 있다고 말한다. 현대인들은 언제든지 원하는 것을 획득할 수 있다고 믿었던 젊은 시절처럼 노년에도 활동할 시간이 엄청나게 남았다고 생각하며 남은 생애를 설계한다고 한다. 즉, 죽기 직전까지 노화와 죽음을 부정하다가 '영원한 청춘' 단계에서 초고령 단계로 바로 접어든다는 것이다. 이 과정에서 우리는 노인으로서 충만한 삶을 즐길 수 있는 기회를 잃게 된다.

현대인들은 영원함을 추구함으로써 각 단계에서의 절정을 잃고 있는 셈이다. 좋은 순간을 최대한 연장하려다가 경험 자체를 망쳐 버리는 예는 많다. 좋은 식사를 하려면 어느 순간에는 식탁을 떠나야 하고, 좋은 술자리를 가지려면 너무 취하기 전에 모임을 끝내야 한다. 아쉽지만, 아쉬움이 있는 상태에서 파티를 끝내야 한다. 아쉬움에 질질 끌려다닌다면 파티 자체가 엉망이 된다. 어쩌면 아쉬움이란 경험의 양과 질이 부족했음을 나타내는 것이 아니라 만족감의 한 형태인지도 모른다. 청춘이 아쉽고 젊음이 아쉽다면, 그것은 청년기를 잘못 보냈기 때문이 아니라 잘 보냈기에 남는 진한 여운일 수도 있다는 이야기다.

인생이 잘 차려진 만찬이라면 나는 이제 애피타이저에 이어 첫 번째 메인 요리를 즐긴 셈이다. 이 세상에서 가치를 결정하는 가장 중요한 요소 중 하나가 유한성이다. 한계나 제약이 없으면 소중함을 모른다. 아마 청춘도, 젊음도 마찬가지일 것이다. 심리학자들은 인간의 이런 심리 상태를 '쾌락 적응'이라고 부른다.

◎

노년과 죽음을 약간이나마 이해하고 나니, 중년을 받아들이기가 더 쉬워졌다. 중년은 청년기를 돌아보고 노년기를 준비하는 과도기다. 스물아홉 때 나는 30대를 맞을 준비가 되지 않았다. 막 서른이 되자 오히려 안도했다. 세상이 끝나지 않았고 본질적으로 변한 것이 없어서였다. 도리어 내 삶에 새로운 장이 펼쳐진 것 같아서 살짝 두근거리고 흥분되기도 했다.

인생이 잘 차려진 만찬이라면 나는 이제
애피타이저에 이어 첫 번째 메인 요리를 즐긴 셈이다.
이 세상에서 가치를 결정하는
가장 중요한 요소 중 하나가 유한성이다.
한계나 제약이 없으면 소중함을 모른다.

그렇게 미친 듯이 30대를 살고 나서 40대가 되자 이번에는 별 감흥이 없었다. 뭔가에 쫓기는 듯하고 초조해하는 남편과 달리, 나는 그저 덤덤했다. 아마 30대가 넘으면서 이미 청춘이 지나갔다고 생각했는지도 모른다. 어쩌면 늦둥이 육아로 너무 바빠서 슬퍼할 겨를이 없었던 것일까.

이제 내년이면 오십이다. 다가오는 나이를 이렇게 열심히 생각해 본 적이 없었다. 이렇게 준비하면 결코 슬퍼하거나 당황하거나 절망하지 않을 것 같다. 이것만 봐도 20년 전, 10년 전에 비해 나는 조금 더 현명해졌는지도 모른다. 그리고 다른 나이대에 비해 50대의 만족도가 가장 높다는 서양의 설문 조사 결과처럼 나의 50대도 생각보다는 좋은 세월로 다가올지도 모른다. 하긴 살아 보지 않았는데 어떻게 알 수 있을까. 알려면 직접 겪어 보는 수밖에.

08 '아름다운 청년'이라는 신화

-'과거의 나'의 절반은 사실 '지금의 나'

중년이 되면서 서글퍼지는 이유는 '자꾸 잃어 간다'고 생각하기 때문이리라. 나도 청춘을 잃고 젊음을 잃어 간다는 생각에 사로잡혔다. 원래 내가 가졌던 것들은 손안의 모래처럼 속수무책으로 자꾸만 빠져나가고 얼마 남지 않은 모래를 바라보면서 앞으로 텅 빈 손바닥만 바라봐야 한다는 비통함을 느꼈다. 많이 가진 상태에 익숙해졌고 그 상태를 좋아하는 나에게 '잃는 것'이 좋을 리 없다.

하지만 그 슬픔은 '청년기'를 인생의 정점으로 보고 그 이전과 이후의 삶이 청년기만을 위해 존재하는 것처럼 생각하기 때문에 느끼는 것이 아닐까? 중년기 바로 이전 단계가 청년기였으므로 우리는 당연히 청년기의 시선으로 중년기를 바라보는 데 익숙하다. 심리학자들은 우리가 '현재 프레임'에 사로잡혀 있다고 지적한다. '현재 프레임'이란 현재가 과거와 미래를 해석하는 기준점으로 작용하는 현상을 말한다.

우리는 과거를 그리워하게 마련이다. 과거는 우리가 이미 알고 있는 영역이기 때문에 질서 정연하고 예측 가능하다. 과거를 생각하면 좋은 일만 있었던 것 같다. 하지만 그 과거가 더 과거의 시점에서 '미래'였을 때는 지금 바라보는 미래와 마찬가지로 불투명하고 무질서했다.

심리학자 최인철은 우리가 생각하는 과거는 절대적인 진실이 아니며, 과거 회상은 다시 보기 작업이 아니라 새로운 창조 작업에 가깝다고 말한다. 우리는 '현재'의 시선에서 과거를 바라볼 수밖에 없기 때문에 과거는 왜곡된다는 것이다. 이 '현재'의 렌즈를 통해 가장 크게 왜곡되는 과거의 기억은 바로 과거 자신의 모습이다. 다시 말해, 사람들이 회상해 낸 자신의 과거 모습은 과거의 실제 모습보다는 현재의 자기 모습과 더 닮았다는 것이다.

최인철은 어른들은 자신이 어렸을 때도 지금처럼 절제력과 책임감이 강했다고 잘못 회상한다고 지적한다. 그렇게 본다면, 우리가 그리워하는 것은 왕성한 육체적 활력에 절제력과 책임감까지 갖춘 이상적인 청년의 모습이다. 애초에 존재하지도 않았던, '현재 프레임'에 빠진 우리의 머릿속에만 존재하는 모습이다. 이 중의 절반은 결코 과거의 우리가 아닌 지금 우리의 모습인 셈이다.

한 가지 더 놀라운 사실은, 우리가 현재의 초라한 모습을 감추기 위해 과거의 영광을 부풀려 기억한다는 점이다. 중년이 된 지금의 모습이 마음에 들지 않고 그것을 바꿀 용기가 없을 때 '옛날의 나'를 더 영광스럽게 재구성한다는 것이다.

외모에 대한 집착을 버리든 버리지 않든,

다만 내가 인생의 어떤 시기에 서 있는지는 알아야 한다.

예전에는 젊어서 뭐든지 다 할 수 있었는데 이제 나이가 들어서 할 수 있는 게 별로 없다고 말하고, 실제로 하지 않는다. 심리학적으로 본다면 '나이'를 자기방어 기제로 삼는 것이다.

물론 육체의 활력을 잃어 가는 것은 명백한 사실이다. 하지만 세상에는 '반대급부'가 존재하게 마련이고 완벽한 '진공' 상태는 없으므로 대신에 얻는 것도 반드시 있다. 고전 인문학자 고미숙은 공저 『나이 듦 수업』에서 '100년을 산다는 것은 100년 동안 정확하게 생로병사의 스텝을 다 밟아 가는 것'을 말한다고 강조한다. 인생을 '봄 – 여름 – 가을 – 겨울'로 살아야 한다는 것이다. 이 계절들을 모두 겪어야 비로소 존재의 충만함을 느낄 수 있고 인생에 대해 뭔가 아는 사람이 된다는 뜻이다. 생로병사의 스텝을 다 거쳐야만 충만한 자유를 얻고 아쉬움과 미련이 없다. 하지만 철들지 않은 상태(청년기)에서 연명만 하면 마음도 약해져서 노년기에도 죽는 것이 너무 두렵고 100세가 아니라 125세가 되어도 죽음을 끔찍하게 여기며 죽게 된다고 한다.

결국 그 시기에 해야 할 일을 하지 않고 미루기 때문에 '철'이 들지 않은 상태로 몸만 늙게 된다는 의미 같다. 중년기에는 '육체의 나이 듦'과 '활력 저하'를 순리로 받아들이고 그에 맞는 정신 상태를 가져야 한다. 그런데 청년기를 연장하려고 보톡스를 맞고 쁘띠 성형을 하고 청년들과 '젊음'을 겨룬다면 그것은 고미숙의 말대로 철딱서니 없는 행동이 된다.

◎

중년기에 청년의 외모를 바라는 것은 분명 욕심이다. 육체의 젊음을 최대한 보전하려고 노력하는 것이 철학적으로는 부질없는 짓이고 오히려 정신적 성숙에 쏟아야 할 에너지를 가로채는 행동일지도 모른다.

하지만 나는 남에게 피해를 입히지 않고 자기만족을 얻을 수 있는 욕심은 괜찮다고 생각하는 편이다. 그것이 전혀 의미 없는 행동이라고는 생각하지 않는다. 사람은 밥만 먹고 살 수는 없다. 몸에 좋지 않은 것을 알면서도 달콤한 디저트도 먹고 탄산음료도 마신다. 재미없는 천국보다는 차라리 재미있는 지옥을 선택한다. 어리석지만 그것이 나와 같은 평범한 사람들의 수준이다. 행복을 위해 외모를 포기할 수 없다면 당연히 포기하지 말아야 한다.

그런데 과연 잃는 것이 없을까? 그 행복과 만족감의 유통기한이 영원할까? 돈과 시간이 있다면 어느 정도까지는 젊음을 유지할 수 있는 시대다. 문제는 젊음 유지에 관심을 쏟는 만큼 상실감과 비통함도 커진다는 것이다. 사람은 자신이 가장 신경 쓰는 분야에서 성취감과 보람을 얻는 법인데, 되도록 적게 잃으려고 노력하는 게임에서는 성취감을 얻기가 어렵다. '젊음 유지하기'는 시작하기 전부터 승패가 결정나 있는 게임이다. 다만 백기를 드는 시기를 얼마나 늦추느냐의 차이일 뿐.

외모에 대한 집착을 버리든 버리지 않든, 다만 내가 인생의 어떤 시기에 서 있는지는 알아야 한다. 청년기를 정점으로 보지 말고 전체적으로 봐야 한다. 인생에는 자신의 인생을 해석하고 의미를 부여하는 시기가 반드시 필요하고 그것은 바로 노년기다. 중년기는 노년기를 위해 시선을 육체와 외부보다는 서서히 내면으로 돌려야 하는 시기다.

인생을 전체적으로 보는 관점. 청년기를 정점으로 서서히 잃어 가고 있다고 생각하는 것이 아니라 육체가 쇠락하는 대신에 정신적으로 성숙해지고 있다고 보는 시각. 노년기를 향해 서서히, 하지만 부지런히 얻어 가고 있다고 생각하는 태도. 육체와 패기가 물러나는 자리에 정신과 연륜이 더해지고, 조급함과 열망이 지혜와 여유에게 서서히 자리를 내주는 시기라는 생각. 이런 것들을 지닌 중년기이고 싶다.

말장난에 불과하다고 비난할 사람도 있겠지만, 세상에 '객관적인 진실'이란 별로 없다. 세상은 내가 어떻게 바라보느냐에 따라 구성되고 의미를 가진다.

09 자신의 '위치성'을 선택해야 할 때

-'인생의 가을'을 인정하는 태도

『나이 듦 수업』에서 고미숙은 인생이 직선이 아니라 끊어지지 않는 거대한 원의 흐름 속에 있다고 말한다. 나 역시 그 생각에 동의한다. 인생에는 '봄 – 여름 – 가을 – 겨울'이 있고 이 주기에 맞춰 살아야 각 시기에 필요한 경험과 성숙을 얻을 수 있으며, 그렇게 내 몫을 온전히 살아 내면 우리는 다시 우주로 돌아가 생명의 순환 사이클에 참여한다. 이 진리를 깨달아야 존재의 충만함을 느끼고 노년기에 접어들어도 유한한 삶에 안달하지 않을 수 있다는 생각에 깊이 공감한다.

그런데, 그렇다면 언제부터가 중년의 시작인가. 현대적 의미에서 볼 때, 나는 진짜 중년인가? 예전에는 60세(환갑)를 인생 주기의 기준으로 봤다. 15세에 어른이 되어 인생의 봄을 마치고 30세까지가 여름, 45세까지가 가을, 그다음 60세까지 겨울을 사는 것이다. 그때는 서른이 넘으면 청년도 아니고 엄연한 중년이었다. 2018년 조사 결과에 따르면 현재 대한민국의 평균수명은 남성 80세, 여성 85세로 평균 83세다. 인생을 80세로 본다면 중년기는 40세부터 60세인 것이다.

하지만 노년을 연구하는 학자들은 이제는 '80세 인생'이 아니라 '100세 인생'을 준비해야 한다고 입을 모은다. UN은 이미 2009년에 '100세 시대', 즉 '호모 헌드레드(Homo Hundred) 시대'가 도래했음을 선포했다. 전문가들 역시 현재 나이에 대한 인식이 인간 수명이 평균 70세였을 때에 맞춰져 있기 때문에, 현대인은 나이에 0.7을 곱해야 100세 시대에 맞게 재인식할 수 있다고 말한다. 현재 70대인 사람은 과거의 50대와 같은 삶을 살고 있고, 현재 50대인 사람은 과거 30대 중반과 같은 삶을 살고 있다는 것이다. 100세 시대에는 '50+', 대략 50세에서 60세 언저리의 사람들을 위한 별도의 명명이 필요하며 이를 '세 번째 무대', '세 번째 인생', '제2 성인기' 등으로 표현하고 있다고 한다. 5060 시기는 인생 후반부를 위한 과도기이자 탐색기이며, 이 전환기에 탐색을 얼마나 잘했느냐가 남은 40~50년의 인생의 질을 결정한다고 이야기한다.

50세에 0.7을 곱하면 35세다. 50세라고 하면 통념이나 어감상 꽤 많은 것 같지만 100세 시대에는 35세 정도의 위치가 된다. 35세! 얼마나 멋진가? 갑자기 신이 나고 10년은 젊어진 것 같다. 간단한 생각의 전환만으로도 청년으로 돌아간 것 같으니 40대 후반부터 50대는 그리 많은 나이가 아닐지도 모른다.

사실 50대는 청년기를 벗어난 지 얼마 되지 않고 본인의 가치관이나 생활 방식도 중년기보다는 청년기에 더 기울어 있기 때문에 자신의 나이대를 어떻게 '프레이밍'하느냐에 따라 인생에서의 위치성이 달라질 수 있는 나이다. 현대인들의 건강 상태가 예전과는 비교도 안 될 정도로 좋아졌고 젊어 보이게 만드는 기술도 발달했기에 어떻게 생각하고 행동하느냐에 따라 10년 정도는 더 젊어지는 것도, 반대로 나이 드는 것도 충분히 가능하다.

◎

'35세'라는 숫자를 떠올리는 순간, 잠시나마 해방감과 안도감을 느꼈다. '아, 아직 늦지 않았구나. 나는 아직 젊구나!' 하지만 잠시 후 냉정을 찾고 보니 과거 60세 인생에서 35세는 엄연한 중년이었다는 생각이 머리를 스쳤다. 결국 숫자 놀음에 불과한 것인가. 사람들의 기분을 좋게 하려고 만들어 낸 말장난인가. 나는 빼도 박도 못하는 중년인가. 어떻게든, 어떤 작은 구실이라도 찾아서 '젊은 층'에 끼고 싶은 얄팍한 마음이 들통난 것 같아 조금 겸연쩍었다.

하지만 중요한 것은 세상이 나에게 어떻게 꼬리표를 붙이느냐가 아니다. 특히 50대는 중년의 초입이기 때문에 본인이 아직도 청년이라고 생각하면 청년이 되고, 중년이라고 생각하면 중년으로 살게 되는 시기다. '내가 나를 어떻게 바라보는가', '나는 어떤 마음으로 살고 싶은가'가 관건이다. 결국 질문은 '나는 어떤 위치성을 선택하느냐'로 귀결된다.

40대 후반에서 50대는 이렇게 애매한 시기이기 때문에 이 시기에 '인생을 바꿔라', '아직 늦지 않았다', '인생 개조는 여전히 가능하다' 등의 메시지가 나오는 것이 아닐까. 이는 역시 개인이 청년기를 얼마나 충만하게 보냈는지, 젊음에 미련이 얼마나 남았는지에 따라 달라질 것 같다. 정말로 이대로 끝낼 수 없고 가장 중요한 일을 아직 하지 못했다고 생각한다면, 충분히 원대한 일에 도전할 수도 있는 나이다. 실현 가능성은 낮을지라도 말이다.

나는 어떤 위치성을 선택할 것인가? 직업적으로 업적을 남긴 것도 아니고 사회적으로 높은 지위를 누린 것도 아니다. 하지만 지난 20년간 한 사람으로서 해야 할 일들을 헉헉대면서도 나름 열심히 해 왔다. 지금 남들, 아니 나 자신에게 보여 주고 증명해야 할 일이 남았다고 생각하지는 않는다. 스스로에게 인간적인 연민과 존경을 보낼 만큼, 소박하지만 땀이 묻어 있는 시간을 보냈다. 그리고 10년 전, 20년 전에 비해 조금은 더 나은 사람이 된 것 같다.

종합적으로 고려하면 나는 이제 또 한 번의 여름을 맞기보다는 서서히 가을을 준비하는 마음으로 접어들었다. 지식이 늘어났음에도 인간이 아직도 본능(유전자)에 얽매여 있듯이, 의술의 발전으로 젊게 살면서도 40대 중반 이후에 '신체 노화'와 감정의 변화를 맞이하는 것은 어쩔 수 없다. 아직은 유전자 자체를 개조할 만큼 인간 문명이 발달하지는 못한 것이다.

이제 내가 '인생의 가을'로 접어들고 있음을 인정하려고 한다. 아마도 70~80세부터는 '겨울'의 마음을 준비해야 할 것이다. 가을임을 받아들인다는 것이 '이제 다 끝났고 내리나는 어떤 위치성을 선택할 것인가?

나는 어떤 마음으로 살고 싶은가?

막길만 남았다'는 패배감은 아니다. 나는 다가올 중년기에도 많은 것을 기대하고 있다. 겪어 보지 않았기 때문에 모를 뿐이지, 인생은 그 나이대에 맞는 선물을 준비해 놓고 있으리라. 50대의 삶이 20대, 30대의 삶과 같지는 않겠지만, 50대를 모르는 상황에서 어떤 것이 더 낫다고 말할 수는 없다. 그저 다를 뿐이다. 다름을 받아들이고 내 인생의 새로운 장을 맞이할 것이다. 또 누가 아는가. "50세가 되니 이런 즐거움이 있네"라고 말하게 될지. 모르는 일이다.

10 지나간 시간은 나와 당신 안에 살아 있다

-억울함을 흘려보내는 방법

중년을 받아들이기로 했다고 단숨에 그렇게 할 수 있는 것은 아니다. 받아들임은 꽤 오랜 기간에 걸쳐 서서히 일어나는 마음의 변화다.

나 역시 '가을의 마음'이 되어 가는 와중에 순간순간 밀려오는 억울함을 경험했다. 예쁜 나이를 제대로 누려 보지도 못하고 보내 버렸다는 아쉬움과 원망. 다른 사람들에게는 꽃이 활짝 핀 시절이 있었을 텐데, 한 번은 화려했던 시절이 있었을 텐데, 나만 그렇지 않은 것 같은 억울함. 산다는 게 이렇게 허무하다는 것을, 좋은 시절이 이렇게 빨리 지나가 버린다는 것을 누가 알려 줬어야 했는데. 아무도 알려 주지 않았다는 것에 속상하고 화가 났다.

한순간 울컥 밀려드는 속상함을 책으로 달래고 어르면서 마음을 진정시켰다. 책은 '머리'로 읽는 것이라서 읽고 나면 논리적으로 설득되고 수긍이 되었다. 하지만 여전히 억울한 감정은 남아 있었다. 알면서도, 머리로는 다 이해하면서도 가라앉힐 수 없는 서글픔이었다.

우리는 '현재'의 프레임으로 과거를 판단하고 재단한다. 우리의 기억력은 생각만큼 좋지 않고, 그 결과 과거의 기억은 종종 왜곡된다. 가장 흔한 예가 최근의 일만 뚜렷하게 기억나는 현상이다. 뇌의 기억 용량이 정해져 있으므로 과거의 시간을 다큐멘터리처럼 다 기억할 수는 없다. 예전의 좋았던 일, 불행한 사건, 슬펐던 순간 중에서 내가 기억하고 싶은 순간, 특별히 행복했던 시간, 기억하고 싶지는 않지만 너무 큰

잔상을 남긴 사건들만 우리의 장기 기억 속에 남고 나머지는 시간의 흐름에 따라 흩어지고 잊힌다. 수많은 사건들, 수많은 기억들과 감정들이 시간 속에 묻히는 것이다.

어떤 면에서는 다행이다. 슬픈 일들을 다 기억한다면 가슴이 아파서 도저히 살 수 없을 것이므로. 하지만 우리는 충분히 좋았던 작은 기억들까지도 잃어버린다. 사실 인생에서 가장 행복한 순간은 매일 일어나는, 대수롭지 않은 일상 속에 묻힌 소소한 찰나들이다. 가족들과 함께 먹었던 소박하지만 맛있는 음식, 오랜만에 나선 나들이, 친구들과 시간을 보내면서 실컷 웃었던 기억들, 애인과 길거리를 가다가 무심코 찍은 사진, 작지만 처음 마련한 내 집, 첫아이의 얼굴을 본 순간, 아이가 처음 '엄마'라고 말했을 때 느꼈던 기쁨. 이런 소중한 순간들은 '일상'이라는 이름표를 달고 망각 속으로 사라진다.

게다가 우리는 편리하게도 보고 싶은 기억만을 과거로부터 소환한다. 자잘한 기쁨들이 수없이 많은데도 지금 내

기분이 슬프면 마치 슬픈 일만 있었던 것처럼 과거를 슬픔으로 도배하고, 지금 행복하면 과거의 힘들었던 기억까지도 기꺼이 미화한다. 지금 내가 젊음의 상실로 상심하고 있다면 나름 충만했던 과거의 시간들은 잘 떠오르지 않는다.

보석 같은 기억보다 더 소중한 현재

나는 그럴 때면 영화나 드라마를 봤다. 영상 작품은 머리보다는 마음으로 보게 되는 것 같다. 그중 드라마 〈고백부부〉가 인상적이었다. 〈고백부부〉에서 주인공들은 스무 살 시절로 돌아가게 된다. 청춘의 아름다움에 눈이 부셨다. 어른들 말대로 눈 깜박할 새 사라져 버린 그 시절. 이름만 들어도, 떠올리기만 해도, 바라만 봐도 아련하고 그립다. 20대 초반의 젊음이란 왜 그렇게 짧을까? 이유 없이 들뜨고 벅차면서도 여러 가지 의무감과 고민으로 자주 우울해지곤 했던 그 시절. 뭐든지 할 수 있을 것 같고, 그렇게 해야 한다고 귀에 못이 박히게 들었으면서도 아직 아이의 옷을 완전히 벗지 못한 그때. 마음껏 누리지도 못했는데 정신 차려 보니 어느새 멀리 달아나 버린 그 이름.

젊음을 잃은 대신 얻은 '가족'이라는 울타리. 평화롭고 따뜻하지만 그 울타리를 지키기 위해 감당해야 할 의무와 책임이 때로는 버겁게 느껴진다. 아이들이 무럭무럭 자라는 속도와 비례해서 나는 급속도로 늙어 간다. 문득 비치는 얼굴이 보기 싫어 거울을 외면하기도 하고, 어느새 내 아버지 같아진 배우자의 뒷모습에 충격을 받기도 한다.

보물 같은 '청춘'을 다시 얻었는데도 드라마 주인공들은 그것을 버리고 현재의 별 볼 일 없는 일상으로 돌아가기로 결정한다. 일상에 치여 빛이 바래고 잊혔지만 그들 사이에는 사랑이 존재했음을, 그 사랑이 소중했음을 기억하게 되었다. 청춘도, 젊음도 소중하지만 그것들을 내주고 얻은 '현재의 삶'이 더 소중하다는 사실을 알게 된 것이다.

누구에게나 공평한 시간이 주어지고 누구나 가치를 모

른 채 그 시간을 보낸다. 지나고 나서야 비로소 깨닫는다. 가지고 있을 때 소중함을 모르는 것은 인간의 숙명인가 보다. 하지만 차분히 돌아보고 곱씹어 보면 분명 나에게도 찬란한 시간들은 많았다.

그 사실을 잊지 않으려고 노력한다면 앞으로 일상 속 보석 같은 찰나의 소중함을 더 잘 느끼게 될 것이다. 그리고 그 순간이 곁에 있을 때 더 잘 응시하고 더 충실하게 음미할 수 있다. 어쩌면 이것이 청년기를 서툴게 통과하면서 얻은 교훈인지도 모른다. 소중한 것, 중요한 것, 나에게 의미 있는 것이 무엇이었는지 깨닫고 앞으로 어떤 시간들로 남은 인생을 채울지 생각해 보는 시기가 바로 인생의 가을이며 성숙의 시기가 아닐까.

특별하지 않은 시간들의 나도 모두 나였음을

한편 〈고백부부〉처럼 독특한 설정이 등장하지 않더라도

평범한 일상을 다룬 작품 역시 좋았다. 이런 작품들은 기억을 바로잡는 데 도움을 준다. 영화 속 주인공들의 삶을 관조하고 등장인물의 선택과 감정을 따라가면서 나의 선택과 나에게 주어졌던 시간의 무게를 복기할 수 있기 때문이다. 그 과정에서 '제대로 누려 보지도 못하고 젊음을 잃어버렸다'라는 억울함이 조금씩, 아주 조금씩 누그러졌다.

최근에 봤던 영화 중에서 〈레이디 버드(Lady Bird)〉를 추천하고 싶다. 당돌하지만 또래의 순수함을 지닌 18세 소녀 크리스틴과 그 가족의 이야기다. 크리스틴은 자신이 살고 있는 새크라멘토의 조용한 마을을 벗어나 뉴욕의 대학에 진학하고 싶어 한다. 부모가 지어 준 멀쩡한 이름이 있는데도 '레이디 버드'로 불러 달라고 고집하고, 엄마 잔소리가 듣기 싫어서 달리는 차 밖으로 뛰어내리기도 하는 맹랑한 소녀다.

알코올중독자로 가족을 돌보지 않는 어머니 밑에서 성장한 크리스틴의 엄마는 크리스틴을 이해하지 못한다. 간호사로 일하며 최선을 다해 아이들을 돌봐 왔는데, 딸은 부모

누구에게나 공평한 시간이 주어지고

누구나 가치를 모른 채 그 시간을 보낸다.

그 사실을 잊지 않으려고 노력한다면

일상 속 보석 같은 찰나의 소중함을 더 잘 느끼게 될 것이다.

가 해 주는 모든 것을 하찮고 부끄럽게 생각한다. 크리스틴은 낡은 차가 부끄러워 일부러 학교에서 멀리 떨어진 곳에서 내리고, 작은 집을 부끄럽게 생각하여 동네의 크고 좋은 집을 자신의 집이라고 친구들에게 이야기한다.

크리스틴에게도 할 말은 있다. 엄마는 말로는 사랑한다지만 (그것을 의심하지는 않지만) 자신을 있는 그대로 인정하고 받아들이지 않는다. 엄마의 이유 있는 추궁에 눈물이 핑 돌면서도 '왜 나를 좋아해 주지 않느냐'고 엄마에게 묻는다. '사랑한다면 내가 무슨 행동을 하든 다 받아들여 줘야 하지 않느냐'고 행동으로, 온몸으로 항의한다.

크리스틴이 대학에 진학하기 위해 집을 떠나는 날, 엄마는 끝내 차에서 내리지 않는다. 하지만 집으로 돌아가면서 갑자기 터져 나오는 감정 때문에 차를 세우고 주체할 수 없을 정도로 운다. '사랑한다는 말을 하지 못했는데, 너를 있는 그대로 좋아한다는 말을 해 주지 못했는데, 그렇게 듣고 싶어 하는 그 말을 해 주지 못했는데'. 엄마의 마음이 들려오는 것 같았다.

크리스틴은 대학에 가 성인으로서의 시간을 보내면서 비로소 자신을 받아들이게 된다. 새크라멘토에서 보낸 시절들이 자신을 키운 시간들이었으며 지워 버리고 싶었던 그곳에서의 모습이 진짜 자신이었다는 사실을 수용하게 된다. 그리고 이제 사람들에게 자신의 이름을 '크리스틴'이라고 말한다.

충분히 친밀하면서도 미묘하게 평행선을 달리는 엄마와 크리스틴, 두 사람을 모두 이해했다. 영화는 반항기 가득한 17세의 나를 소환했다. 동시에 고집스럽게 자기 입장에서만 서서 단 한 번도 눈길을 주지 않았던 30년 전 내 엄마의 마음을 들여다보게 해 줬다. 한편에서는 17세의 내가, 다른 한편에서는 47세의 내가, 30년 전 엄마와 나의 삶과 만났다.

굉장한 일이 일어나야 할 것 같은데 내 인생만 별 볼 일 없는 것 같아서 실망스러웠던 그 시절. 그 질풍노도의 시간이 엄마의 중년과 중첩된다는 사실을 영화를 보고 비로소 깨달았다. 내가 보낸 시간은 내 시간만이 아니었다. 내게 주어진 시간들이 내 인생에서, 가족들에게 어떤 의미였는가. 영화를 보면서 나의 사춘기와 엄마가 되어 맞은 중년기를 동시에 조망할 수 있었다.

나에게만 불공평하게 느껴지는 시간의 속성

시간에 대해 생각해 보게 해 준 영화가 한 편 더 있다. 영화 〈보이후드(Boyhood)〉는 누구에게나 공평하지만 나한테만 불공평하게 느껴지는 '시간'의 속성을 2시간 반 만에 깨닫게 해 줬다. 메이슨이라는 한 소년이 6세부터 18세가 되는 과정을 12년에 걸쳐 기록한 이 영화는 다큐멘터리 같은 시선으로 소년의 평범한 일상을 보여 준다. 그리고 메이슨이 대학에 진학하면서 영화도 마무리된다.

메이슨은 '우리가 순간을 붙잡는 게 아니라 순간이 우리를 붙잡는 거야'라는 친구의 말에 고개를 끄덕인다. 의식하지 않으면 그냥 지나가 버리는 것이 바로 시간이다. 영화 속 메이슨의 엄마는 싱글맘으로서 아이들을 키우면서 박사 학위를 받고 교수가 되었다. 누구보다도 노력하면서 살았지만 두 아이 모두 대학에 가고 곁을 떠나면서 자신에게는 아무것도 남지 않았다며 비통해한다. "내 인생에 남은 게 뭐냐? 적어도 이것보다는 뭔가 더 있을 줄 알았다"라고 말하면서. 하지만 나는 안다. 그녀도 시간이 조금 더 지나면 자신의 인생에서 많은 일들이 일어났으며 충분히 노력하고 살았음을, 그게 최선이었음을 받아들이게 될 것을.

내 시간은 내 시간만이 아니다. 지금의 나는 많은 사람들과의 관계, 그들의 노력, 그리고 나의 노력을 통해 만들어졌다. 내가 보낸 시간 속에는 내 시간만이 아니라 가족들의 시간, 내가 살면서 만난 다른 사람들의 시간이 겹쳐 있었던 것이다. 내게는 아무것도 없어서 불행했던 청소년기가 엄마한테는 절망의 시간들이었음을 나중에 알았다. 부모님이 그 시간 동안 몸부림치며 그 자리에서 할 수 있는 최선을 다하며 주어진 시간을 살아 냈음을 알게 되었다.

11 다시 시작하려는 마흔에게

-마지막 불꽃을 태워도 좋다, 그러나 대가는 따른다

청년기가 내 안에 살아 있음을 깨달아도, 지금이 더 소중함을 알게 되어도 미련이 남을 수 있다. 충분히 잘 살지 못했는데 이대로 인생을 마무리하고 싶지 않다고 생각할 수도 있다.

그렇다면 기회는 있다. 앞에서 말했듯이 100세 시대의 셈법으로 계산하면 30대 중후반이므로 늘어난 중년기를 기회로 마지막 불꽃을 태워도 좋다. 그럴 자신만 있다면.

서점에 가면 '40대, 인생을 바꿔라', '지금도 늦지 않았다. 도전하라' 유의 책들이 많이 나와 있다. 그런 책의 저자들은 평범한 인생을 살다가 어떤 계기를 만나거나 '단 한 번뿐인 인생을 이렇게 살면 안 되겠다'는 각성을 하고 지금까지 하지 않았던 일에 도전한다. 매일 책을 한 권씩 읽거나 몇 년에 걸쳐 수천 권의 책을 읽고 그 경험을 토대로 책을 쓰거나 강연을 하기도 한다.

이들처럼 중년의 나이에 남들이 쉽게 하지 못하는 일에 도전하고 그 일에 성공해서 유명해진 사람들이 꽤 있다. 역사적으로도 중년의 나이에 접어들어서 큰일을 해낸 예가 분명히 있다. 중년에도 충분히 의미 있는 성취를 이룰 수 있다는 증거가 존재하는 셈이다.

지금 가을의 문턱에 선 나를 괴롭히는 것이 무엇인지 생각해 본다. 성취하지 못했다는 자괴감인가. 아니면 진정으로 행복한 순간이 없었다는 절망감인가. 외모가 늙어 가는 데 대한 아쉬움인가. 아니면 열심히 살아왔다고 자부하지만 생각보다 내세울 것이 없어 느끼는 당혹감인가.

만약 나와 남들이 인정할 만한, 세상이 인정할 만한 업적을 남기지 못했다는 생각이 든다면, 그리고 그런 업적이 자신의 인생에서 중요하다면 기회는 아직 있다. 지금까지 하지 못했던 일에 도전하고, 그 성취를 근거로 출간이나 강연 등을 통해 널리 이름을 알리면 된다.

다만 그것이 자신이 정말 원했던 일인지, 그것을 못 하면 억울해서 도저히 살 수가 없는지 스스로 진지하게 물어야 한다. 왜냐하면 세상일에는 반드시 대가가 따르기 때문이다. 지금 이 시간을 명성을 얻기 위해 쓴다면 평범한 일상의 즐거움, 소소한 기쁨은 포기해야 한다. 마지막에 얻을 명성, 그 강렬한 한 방의 행복과 다른 선택을 했더라면 얻을 수 있었던 수많은 자잘한 행복들을 바꿔야 한다. 그것은 자신의 선택이다.

성취는 불멸 시스템, 즉 영원히 죽지 않으려고 인간이 시도하는 다양한 방법 중에서 가장 대표적인 방법이다. 겉보기에는 살아 있을 때 남들에게 인정받고 존경받고 싶다는 세속적인 욕망으로 보이지만, 그 배후에는 지구상의 수많은 사람들 중에서 특별해짐으로써 성선택에서 우위에 서라는 유전자의 명령이 자리 잡고 있는지도 모른다. 진정 내가 행복해지기 위해 성취를 원하는지, 본능적인 욕망의 포로가 되어 있는지 냉정하게 따져 봐야 한다. 중년의 문턱에 선 우리에게는 지금이 육체적으로 정열적으로 살 수 있는 마지막 기회이기 때문이다.

마지막 순간에 남는 건 사랑으로 점철된 추억뿐

한편 '인생의 의미' 관점에서 성취가 없으면 내 인생이 무의미한 것 같아 고민된다면 관점을 바꿀 필요가 있다. 성취만이 인생에 의미를 부여하는 유일한 방법은 아니다. 세상이 알아주지 않아도 내가 스스로 부여하는 의미, 가족과의 친밀한 관계, 내가 하는 일에서 얻는 주관적인 보람, 다양한 취미, 세상을 향한 공헌 활동에서도 충분히 의미를 얻을 수 있다.

설사 성취를 통해 명성을 얻는다 해도 사람들은 자신의 이익을 위해 다른 사람에게 관심을 가질 뿐이다. 진심으로 존경하지도 않고 관심도 없다. 사람들은 오직 자신에게만 관심이 있다. 개인의 이익에 따라 잠시 할애되는 변덕스러운 '관심'을 얻기 위해 다시 오지 않을 나의 소중한 시간을 투자할 것인지 냉정하게 따져 봐야 한다. 과연 그럴 만한 가치가 있는지 말이다.

또한 명성, 출세, 업적의 진정한 의미에 대해서도 따져 물어야 한다. 출세 못 하면, 돈이 많지 않으면, 유명하지 않으면, 이뤄 놓은 업적이 없으면 의미 없는 삶인가? 만약 그렇게 생각한다면, 자타가 인정하는 성공의 아이콘인 애플 창업자 스티브 잡스가 죽기 직전에 병실에서 한 말을 떠올려 보자.

"지금 이 순간에, 병석에 누워 나의 지난 삶을 회상해 보면 내가 그토록 자랑스럽게 여겼던 주위의 갈채와 막대한 부는 임박한 죽음 앞에서 그 빛을 잃었고 아무 의미가 없다.

어두운 방 안에서 생명 보조 장치에서 나오는 푸른빛을 물끄러미 바라보며, 낮게 윙윙거리는 그 기계 소리를 듣고 있노라면, 죽음 사자의 숨길이 점점 가까이 다가오는 것을 느낀다.

이제야 깨닫는 것은 평생 배 굶지 않을 정도의 부만 축적되면, 돈 버는 일과 상관없는 다른 일에 관심을 가져야 한다는 점이다. 그건 돈 버는 일보다는 더 중요한 뭔가가 되어야 한다.

쉬지 않고 돈 버는 일에만 몰두하다 보면 결과적으로 비뚤어진 인간이 될 수밖에 없다. 바로 나같이 말이다.

평생에 내가 벌어들인 재산은 가져갈 도리가 없다. 가져갈 수 있는 것이 있다면 오직 사랑으로 점철된 추억뿐이다.

물질은 잃어버리더라도 되찾을 수 있지만, 절대 되찾을 수 없는 게 하나 있으니 바로 '삶'이다. 누구라도 수술실에 들어갈 즈음이면 진작 읽지 못해 후회하는 책 한 권이 있는

"평생에 내가 벌어들인 재산은 가져갈 도리가 없다.
가져갈 수 있는 것이 있다면 오직 사랑으로 점철된 추억뿐이다.
물질은 잃어버리더라도 되찾을 수 있지만,
절대 되찾을 수 없는 게 하나 있으니 바로 '삶'이다."

-스티브 잡스

데 그것은 '건강한 삶 지침서'다.

가족을 위한 사랑과 부부간의 사랑 그리고 이웃을 향한 사랑을 귀히 여겨라. 자신을 잘 돌보고, 다른 사람을 소중히 하라."

잡스만큼 유명하고 자타가 인정하는 성취를 이룬 사람도 죽기 직전에 자신에게 의미 있고 소중한 것은 '사랑으로 점철된 추억'뿐이라고 고백한다. 인생의 마지막에는 돈, 성취, 업적은 자취를 감추고 오직 행복했던 기억들, 사랑하는 사람들과 나눈 소중한 순간들만 남는다. 중요한 것은 자기수용, 관계, 가족, 추억, 스스로 자신의 인생에 부여한 의미, 그리고 충실히 살아왔다는 만족감이다.

성공을 위해 나머지를 희생한다면 지나치게 비싼 대가를 치르는 셈

인생의 의미에 대해 탐구해 온 철학자들은 평범한 사람들도 성공적이고 행복한 인생을 살 수 있다고 말한다. 버트런드 러셀은 모든 기준으로 볼 때 성공한 인생을 산 인물이다. 귀족 집안에서 태어났음에도 자신의 힘으로 명성과 부를 이뤘고, 100세 가까이 살면서 수많은 책을 집필했으며, 네 번의 결혼을 하고 많은 여성들과 사랑을 나눴다. 러셀은 "개인적으로 이제껏 경험해 온 다른 어떤 행복보다도 아이를 낳아 기르는 행복이 가장 크다"라고 말하며 대단한 성취를 이루지 못하더라도 가족만 있으면 인생의 행복을 누릴 수 있다고 강조한다.

게다가 러셀은 성취에 대한 강조, 경쟁심, 지나친 노력이 오히려 세상에는 독이 되는 경우가 많다고 지적한다. 자신에게는 업적일지 몰라도 다른 사람들에게는 해가 되는 행동도 많다. 명백히 사회에 도움이 되는 경우를 제외한다면, 업적이나 성취의 본질은 누군가를 이기고 대중의 위에 올라서려는 '권력 게임'일 수도 있다. 그렇다면 유명하거나 세상이 인정하는 성공을 거뒀다고 해도 그 자체가 본질적으로 훌륭한 것은 아닐지도 모른다.

러셀은 『행복의 정복』에서 성취감이 행복한 삶에 도움을 준다는 것을 부정하지는 않으나, 성공은 행복의 한 가지 요소에 불과하기 때문에 성공하기 위해 나머지 요소들을 모두 희생한다면 '지나치게 비싼 대가를 치르는 셈'이라고 말한다. 그리고 현대사회에 만연한 성공 제일주의는 삶이란 승자만이 존경받는 승부요, 경쟁이라는 일반화된 생활철학에서 비롯되었다고 진단한다. 그는 지성과 감성을 배제하고 의지와 경쟁을 강조하는 사람들을 '현대판 공룡'이라고 부르며, 이 병을 치료하는 방법은 건전하고 조용한 즐거움을 균형 잡히고 이상적인 인생으로 받아들이는 것이라고 주장한다.

하지만 현대인들은 훌륭한 사상가나 철학자의 이런 주장을 순순히 받아들이지 않는다. 무엇보다 중요한 것은 본인의 욕망이다. '죽어도 내가 그렇게 하고 싶다면' 말릴 방법도 없고 말릴 수 있는 사람도 없다. 진실하게 원하는 것을 외면한다면 내면적으로 결코 평화를 얻을 수 없고 행복해질 수도 없기 때문이다.

중년기에도 인생을 바꾸는 것은 가능하다. 그러나 대가는 분명히 따른다. 불공평한 세상이지만 공평한 것도 가끔은 있다. 그중 하나가 '얻는 게 있으면 잃는 것도 있다'는 법칙이다. 명성과 성취를 위해 중년을 불태운다면 무엇을 잃게 되는지 알아야 한다. 무엇을 얻고 무엇을 잃는지 따져 봐야 한다.

하지만 아무리 생각해도 '오직 이 길'밖에 없다면? 그렇다면 어쩔 수 없다. 당신의 중년을 원하는 대로 이끌면 된다. 원래 인생은 자신이 원하는 대로 사는 것이므로.

12 '돈, 돈, 돈'에서 벗어나기

– 나의 인생 후반부는 '10억'보다 중요하다

태어나서 거의 30년을 공부하고 30년 동안 벌어서 그 돈으로 30년 이상을 버텨야 하는 시대다. 경제활동이 마무리되기 시작하는 중년기에는 수입이 없는 노년기에 대한 대비까지 해 둬야 하기 때문에 경제적인 고민이 더 깊어진다.

최소한의 자금이 중요해진다. 예전처럼 20대에 결혼하고 바로 자녀를 낳는 시대였다면 대략 50대 중반이면 큰 지출이 필요한 이벤트들이 마무리되었겠지만, 지금은 늦게 결혼하고 자녀도 늦게 낳는 추세다. 만혼과 늦은 출산으로 50대 중반이 되어도 자녀는 아직 고등학생이거나 대학생인 경우가 많다. 나도 거의 40세에 늦둥이를 낳았기 때문에 60대 중반까지는 계속 지출에 대한 대비를 해 둬야 하는 상황이다.

그전까지는 막연한 불안이거나 돈을 많이 모으고 싶다는 바람 수준이었다면 40대 중반 이후부터의 돈 관리는 지극히 현실적이고 냉엄한 과제가 된다. 보험사와 금융기관에서는 노후 자금으로 최소 20~30억을 이야기하고, 온라인 커뮤니티에서는 무슨 일이 닥칠지 모르기 때문에 30억도 부족하다는 (공포감마저 드는) 이야기들이 오간다.

하지만 사람들 사이에서 무차별적으로 오가는 말, 보험사의 불안 마케팅, 막연한 두려움에 끌려다니다가는 중년기를 돈 버는 데 다 보내게 된다. 어쩌면 불안 때문에 노년기에도 경제활동에서 은퇴하지 못하게 될 수 있다. 치킨집 차렸다가 퇴직금 날리는 사태가 남의 일만으로 여겨지지 않는다.

중년은 벌여 놓았던 일들을 점차 수렴하는 가을의 시기다. 이제 돈에 대한 집착과 두려움도 다스리고 돈에 대한 태도도 조금 더 확실히 정할 때가 되었다. 돈에 대한 가치관을 스스로 정리해야 할 타이밍이다.

필요한 노후 자금, 현실적으로 계산해 보기

노후 대비를 위해 도대체 얼마나 필요할까? 20~30억을 이야기하는 사람들도 있지만 전문가들은 현실적으로 살고 있는 집을 포함해서 10억 정도면 충분히 노후를 버틸 수 있다고 말한다. 서울의 평균 집값이 10억을 넘보는 상황에서 '애개, 겨우 10억?'이라고 되물을지 모른다. 하지만 은퇴 시기에 빚을 제하고 10억의 순자산(자산에서 부채를 제외한 금액)을 갖고 있는 사람의 비율은 그리 높지 않다. 2018년 3월 말 기준으로 한국은행과 통계청에서 발표한 자료에 따르면, 순자산 10억 원 보유 가구는 전체의 6.1퍼센트라고 한다. 그렇다면 10억 미만을 갖고 있는 나머지 93.9퍼센트 가구는 노후

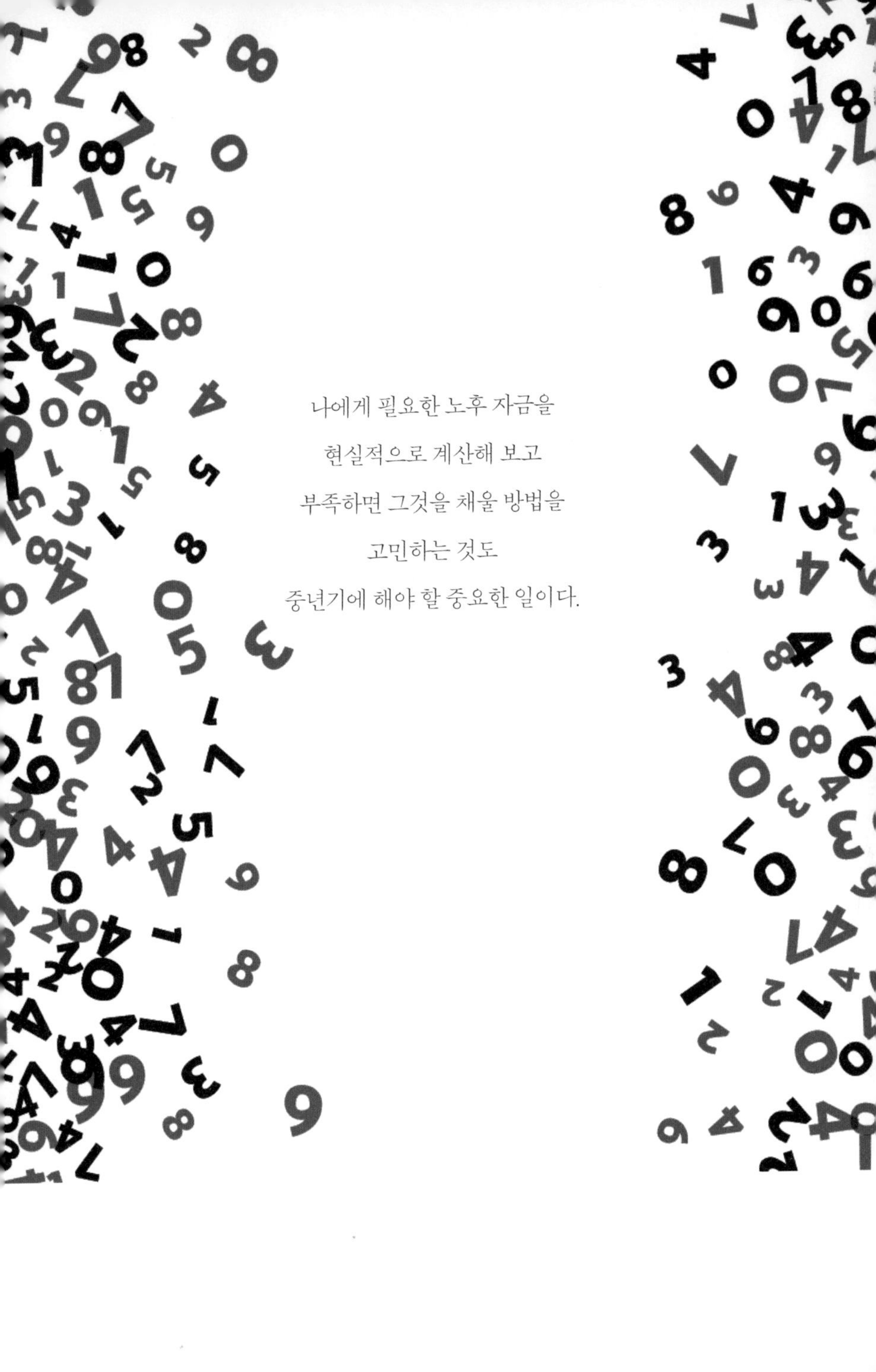

나에게 필요한 노후 자금을

현실적으로 계산해 보고

부족하면 그것을 채울 방법을

고민하는 것도

중년기에 해야 할 중요한 일이다.

대비에 실패한 사람들이고 그들의 중년기는 암흑과 같은 것일까?

'돈이 전부가 아니다'라는 마음으로 자존감을 지키면서 살아가야 한다고 말하는 사람들도 있다. 그러나 보통 사람들에게 그런 말은 '조선 시대 선비'처럼 세상 물정 모르는 소리로 들릴 것이다. 물질을 무시할 수는 없다고 생각한다. 자존심과 존엄을 지키려면 최소한의 돈은 필요하다. 하지만 이 '최소한의 돈'의 수준은 사람에 따라 많이 다르다. 어떤 사람들에게는 5억이 될 수도, 어떤 사람들에게는 10억이 될 수도 있다.

따라서 나에게 필요한 노후 자금을 현실적으로 계산해 보고 부족하면 그것을 채울 방법을 고민하는 것도 중년기에 해야 할 중요한 일이다. 내 경우에는 10억 정도면 훌륭하고, 몇 억이라도 순자산이 있다면 충분히 노후를 대비할 수 있다고 생각한다. 기준을 이렇게 낮추면 생각보다 많은 사람들이 여기에 해당할 것이다(실제로, 2018년 한국은행과 통계청에서 발표한 자료에 따르면, 우리나라 가구의 순자산 평균은 3억 4천만 원이었으며 50대 가구의 순자산 평균은 3억 9419만 원이었다).

다만 그동안 모은 돈은 노후 자금의 일부에 불과하다. 학자들은 노후에도 의미 있는 삶을 살아가려면 어느 정도의 사회 활동은 필수라고 이야기한다. 꼭 돈을 버는 '직업'의 관점에서가 아니라 그동안의 경력과 경험을 활용해서 보람을 느끼며 할 수 있는 '일거리'나 '일감'의 차원에서다. 현실적으로 사회 활동이 어려운 초고령기를 제외하고 부부가 각자 제2의 커리어를 통해 100만 원씩만 번다면 노후를 크게 불안해할 필요가 없다. 노후 자금으로 마련한 목돈은 큰돈 들어갈 때나 미지의 세계인 초고령기를 위해 남겨 두고 5060 중년기와 노년기 초기에는 일정 시간의 사회 활동을 하면서 생계비를 보태는 것이다.

이런 환경을 만들기 위해서는 제2의 커리어가 될 나만의 일거리를 고민하고 설계하고 필요한 준비를 해야 한다. 이것이 중년기에 꼭 해야 하는 현실적인 노후 준비라고 생각한다. 결국 '돈이 전부가 아니다'라는 말은 어느 정도 진실인 셈이다. 돈이 충분히 있어도 보람과 존재 의미를 느낄 수 없다면 노년기 삶의 질은 많이 낮아질 것이다. 어쩌면 경제적 이유로 은퇴하지 못하고 생계 활동에 매달리는 경우보다 자존감이 더 낮아질 수도 있다.

내가 원하는 중년 이후 라이프 스타일을 직접 설계하기

나는 중년기에 들어선 사람들에게 자신이 원하는 라이프 스타일을 유지하기 위한 최소한의 지출 수준을 직접 정할 것을 권한다. 과연 중년기와 노년기에 원하는 삶을 살기 위해 돈이 얼마나 필요한지 계산해 보는 것이다.

그러기 위해서는 지금의 지출에서 부풀려진 부분, 느슨한 부분을 다 빼야 한다. 40대 중반에서 50대 중반은 자녀 교육비 때문에 지출이 가장 많은 때다. 이 시기의 지출 구조를 중년 후반기나 노년기까지 계속 가져갈 수는 없다. 한마디로 지출 다이어트를 해야 한다. 6개월만이라도 교육비를 제외하고 현재의 지출을 얼마나 최소화할 수 있는지 따져 보자. 최소한의 지출 수준을 알아야 노년에 필요한 자금을 정확하고 현실적으로 계산할 수 있다. 그래야 막연한 불안감에 시달리거나 지나치게 돈벌이에 매달려 인생의 여러 행복들을 깨닫지 못하는 사태를 막을 수 있다.

내 경우에는 한 달에 150만 원만 있으면 우리 부부가 품위를 유지하면서 중년기에 원하는 생활을 할 수 있다는 결론에 도달했다. 6개월 정도 촘촘하게 가계부를 적어 보고 정말 꼭 필요한 물품을 가장 저렴한 방식으로 조달하면서 윤곽을 잡은 지출 수준이다. 약간의 개인연금을 들어 놓았고 더 나이 들면 국민연금이 나올 것이다. 하지만 연금이나 모아 둔 노후 자금을 제외하더라도 이 정도는 우리 두 사람이 제2의 커리어를 통해서 조달할 수 있다고 예상한다. 자녀에 대한 교육비 지출이 마무리되면 생활을 간소화하는 것만으로도 기본 생활비를 상당히 낮출 수 있다. 그리고 이 과정을 거치고 나면 자신감이 생긴다.

어떤 사람들은 지출을 줄이는 소극적인 방법보다는 수입을 늘리는 방법을 선호할 수도 있다. 능력이 된다면 그 방법이 좋다고 생각한다. 그러나 조기퇴직 또는 명예퇴직을 걱정해야 하는 나이에 자산이나 수입을 늘리는 것은 평범하게 살아온 보통 사람들에게는 어려운 일이다. 무리하지 않는 수준에서 건전하고 실용적인 재테크 지식을 쌓고 노하우를 배우는 것은 당연히 좋다. 하지만 무리하게 사업을 벌이거나 준비 없이 자영업에 뛰어드는 것만은 강하게 말리고 싶다.

수입을 늘리는 것이 여의치 않다면 발상을 바꿔 지출을 줄이면 된다. 지출을 줄이는 것이 꼭 수치스럽고 고생스러운 일은 아니다. 긍정적으로 생각하면 자원을 아낄 수 있고, 돈벌이에 투입될 시간을 다른 일에 사용할 수 있으며, 군더더기를 제거함으로써 일상생활에서 마음의 여유를 더 많이 느낄 수 있다.

노년기에 가장 걱정하는 부분 중 또 하나가 의료비다. 벅찬 목표를 세우고 노년기 노후 자금을 벌어 놓기 위해 무리를 하면 건강을 해칠 수도 있다. 오히려 실현 가능한 자산 목표를 세우고 인생 하반기를 위한 제2의 일거리를 준비하는 편이 건강 면에서는 더 유리하다. '은퇴하지 못하고 여전히 일을 해야 한다'를 '나이가 들어서도 사회 활동을 한다', '청년기 경험을 썩히지 않고 중년기와 노년기에 의미 있는 시간을 보낸다'로 전환하면 된다. 일정 시간 계속 활동하고 사람들과 교류함으로써 오히려 더 건강하고 활기차게 살아갈 수 있다.

패키지 해외여행보다는 내가 직접 디자인한 '스몰' 여행

'지출 다이어트'에서 가장 절약할 수 있는 부분은 품위유지비와 문화생활비라고 생각한다. 식비는 줄이는 데 한계가 있다. 건강을 고려한다면 너무 싸고 질 낮은 먹거리로만 식탁을 차릴 수는 없다. 또한 이 두 항목 중에서도 품위유지비는 더 과감하게 줄일 수 있다.

문화생활비에서 큰 비중을 차지하는 것이 여행비와 자기계발비다. 여행비는 돈이 많이 드는 큰 여행보다는 '작고 소소한' 여행을 선택함으로써 내실을 다지고 비용을 아낄 수 있다. 해외여행만이 값진 여행은 아니다. 나도 남편의 주재원 생활 덕분에 해외여행을 많이 해 본 편이지만 그 자체만으로 압도적으로 좋은 여행지는 많지 않았다. 여행의 질은 여행지 자체보다는 여행지에서 사람들과 함께한 시간과 나의 시선과 태도에 의해 많이 좌우된다. 꼭 유명한 곳에 가서 명승지를 보고 맛집에서 식사를 해야 만족감을 느끼는 것은 아니다. '남들 다 해 보는 것, 나도 해 봤다' 정도의 만족감에 지나지 않을 수도 있다. 기념사진을 몇 장 겨우 찍고 현지 음식은 몇 번 먹어 보지도 못하고 종일 강행군만 했지만 어디를 다녀왔는지 잘 기억나지도 않는 패키지여행의 기억이 누구나 한 번쯤은 있을 것이다.

중요한 것은 여행에 대한 태도다. 가깝고 돈이 많이 안 드는 여행지라도 직접 정보를 찾아보고 일정을 짜고 그 지역의 역사적 배경과 문화적 특성을 공부한 후에 대중교통을

중요한 것은

여행에 대한 태도다.

이용하는 여행은 큰 만족감과 성취감을 준다. 그 과정에서 자신감과 자기 효능감을 얻을 수 있고 함께 여행하는 가족이나 배우자와의 유대도 더 깊어질 수 있다. 이런 여행은 돈 주고도 살 수 없는 귀한 추억이 된다.

외국으로 여행을 가고 싶은 중년의 여행자라면 스카이스캐너(Skyscanner, 전 세계 항공권, 호텔, 렌터카 가격을 비교하여 최저가 상품을 제공하는 앱)나 에어비앤비(Airbnb, 세계 최대의 숙박 공유 서비스)와 같은 새로운 기술을 이용하는 방법을 익혀 둬야 한다. 단체 패키지여행은 싫고 개별 여행은 돈이 많이 들어 꺼려진다면, 이런 방법으로 항공료와 숙박비를 크게 절약할 수 있다. 사실 여행 경비의 절반을 좌우하는 것이 바로 항공료다. 중년기부터 여행 비용을 절약하는 노하우를 익히고 조금씩 활용한다면, 시간이 많은 노년기에는 비수기를 활용해서 경비를 반 이하로 줄일 수 있다.

문화생활도 마찬가지다. 꼭 돈을 많이 들여서 유명한 공연을 보고 비싼 전시회에 가야 품격이 올라가는 것은 아니다. 선진국에 사는 장점 중 하나는 무료로 또는 저렴한 비용으로 문화생활을 누릴 기회가 많이 주어진다는 데 있다. 이제 한국도 각 지방자치단체에서 무료로 제공하는 문화생활 기회가 많다. 이런 기회를 알차게 활용한다면 문화생활도 누리고, 그 과정에서 새로운 사람들도 만나고, 이를 기회로 지역사회에 활발하게 참여할 수도 있다. 게다가 이런 지역사회 활동 참여를 통해 새로운 커리어 기회까지 얻을 수도 있다. 우연히 시작한 활동이 자아실현과 소소한 돈벌이 기회로 이어지는 셈이다. 내 경험에 비춰 보면, 뭐든 관점을 전환하면 새로운 기회가 생긴다.

자녀 뒷바라지에도 '양보할 수 없는 최소한의 기준'이 있어야

자녀 뒷바라지에도 어느 정도 선을 그어야 한다. 물론 최대한 많이 해 주고 싶은 것이 부모 마음이다. 어쩌면 우리가 돈을 벌려고 그토록 애쓰는 이유도 다 자식 뒷바라지하고 잘 키우기 위해서일 수 있다. 하지만 자녀가 대학을 졸업한 이후에는 자녀에 대한 지원에도 '양보할 수 없는 최소한의 기준'을 정해 놓아야 한다. 이 기준을 정해 놓지 않는다면 평생 자녀에 대한 걱정과 부담에서 벗어나지 못한다.

그리고 크게 보면 자녀를 전폭적으로 지원하는 것이 꼭 자녀를 위한 길도 아니다. '필요'는 가장 큰 동기를 부여하고 사람은 동기가 없으면 움직이지 않는다. 자녀의 독립성과 자립심을 생각한다면 무조건 많이 지원하고 이를 위해 자신의 삶을 희생하는 것만이 능사는 아니다. 최근에 지상파 방송 프로그램 〈SBS 스페셜〉에서 대학생 자녀를 한국에 남겨 놓고 세계 배낭여행을 떠난 부부의 이야기가 방영되어 화제가 되었다. 앞으로는 이런 가치관과 라이프 스타일을 지향하는 중년들이 더 늘어날 것이다.

무엇보다 중요한 것은 막연한 불안과 공포에서 벗어나 원하는 중년 이후의 라이프 스타일을 설계하고, 이를 위해 필요한 최소한의 자금을 스스로 계산해 보는 적극적인 태도다. 그리고 생각에만 그치지 말고, 청년기의 경험을 살려 은퇴 이후에 '제2의 일거리'를 갖기 위한 준비를 실행하는 것이다. 고민만 하면 불안과 우울감만 커진다. 부부가 머리를 맞대고 앉아 직접 계산하고 알아보고 준비하는 과정에서 불안감은 줄어들고 자신감이 커질 것이다. 이런 생각의 전환, 태도의 전환이 꼭 필요하다. 충만하고 풍요로워야 할 인생 후반기를 '돈, 돈, 돈'으로 망칠 수는 없다. 우리의 인생 후반부는 '10억'보다 더 중요하다.

13 지금이 바로 자기 관리가 필요한 시점

-'원하는 것'과 '가능한 것' 사이의 균형점 찾기

'자기 관리', '습관' 등의 말을 들으면 '에이, 청소년이나 젊은 사람들한테나 필요한 말이지'라고 생각하는 사람들이 있을 것이다. 하지만 중년기야말로 내가 원하는 인생 후반부의 라이프 스타일을 정의하고 그에 맞는 자기 관리 방법과 습관을 정착시켜야 할 때다.

중년기에 들어서면서 스스로를 돌아보고 중년기에 맞는 나만의 라이프 스타일을 시도하면서 알게 된 사실이 하나 있다. 그것은 '인생의 절반이 지나간 중년기에도 여전히 습관이 중요하다'는 점이다.

습관의 중요성이라면 이미 유년기, 청소년기에 지겹게 들었다. 20대에도 심심치 않게 들은 바다. 하지만 경제적으로 완전히 독립하고 결혼을 통해 정신적으로도 완전한 성인이 된 30대부터는 누구도 나한테 '바른 습관을 만들어라' 같은 이야기를 한 적이 없다. 심지어 부모님마저도. 그렇게 10년, 15년 내가 원하는 대로, 나에게 편한 생활 방식을 유지해왔다. 그리고 그런 자유가 좋았다. 이제 완전한 어른이 된 것 같았으니까.

신체적, 정신적, 경제적으로 누군가에게 의존하지 않는 성인에게 이래라저래라 하는 것은 오지랖 넓고 주제넘은 짓으로 여겼다. 지적질당하는 것을 좋아하는 사람은 아무도 없다. 게다가 사람은 다 제각각이고 나름의 개성이 있는데 하나의 '모범 틀'에 끼워 맞추라는 것은 또 다른 붕어빵 만들기라고 생각했다. 자기계발서를 읽지도 않았고, 서점 매대에

쌓인 수많은 자기계발서 표지만 봐도 거부감이 들었다. '네가 뭔데 나한테 이래라저래라야.' 꼭 이런 마음이었다고나 할까.

좋지 않은 생활 습관은 병을 키운다

그렇게 나만의 라이프 스타일을 옹호하던 나에게 변화가 생긴 것은 늦둥이 둘째를 어린이집에 보내고 난 40대 초반이었다. 남들에 비해 의지가 부족하고 자기 관리를 잘 못한다고 생각해 본 적은 없었다. 프리랜서에게 엄격한 자기 관리는 기본이다. 15년 넘게 번역을 하면서도 마감을 한 번도 어겨 본 적이 없었다. 명절에 다른 식구들이 다 함께 노는데도 나 혼자 방 안에서 일을 했고, 아이가 맹장염으로 입원해서 수술을 받았을 때도 아이 침대 옆에서 노트북을 켜 놓고 번역을 했다.

그것은 공적인 영역이었다. 돈을 받고 하는 일이기 때문에 마감을 지키고 전문적인 수준을 유지하는 것은 당연한 전제였다. 그런 당연함을 나는 '꽤 괜찮은 수준의 자기 관리 능력'으로 착각하고 있었다.

자기 관리가 부족했던 영역은 개인 생활이었다. 늦둥이를 낳고 키우면서, 그리고 그 와중에 일을 놓지 않고 지속하느라 내 생활 리듬은 엉망이 되었다. 밤에 아기가 잠들면 일을 했기 때문에 거의 매일 새벽 2~3시에 잠이 들었다. 그리고 아침에는 최악의 컨디션으로 간신히 일어났다. 저혈압이어서 원래 오전 시간에 기운이 없는데, 늦게 자고 늦게 일어나는 버릇 때문에 신체 리듬이 더 나빠졌다. 아침에 남편이 주물러 주지 않으면 일어나기 힘든 날도 많았다.

◎

이렇게 최악의 컨디션이 이어지던 어느 날. 시야의 명도가 갑자기 한 단계 떨어진 듯한 느낌을 받았다. 병원에 가서 검사를 하니 망막과 시신경 상태가 좋지 않아 이대로 방치

하다가는 10년 안에 실명할 수 있다는 이야기를 들었다.

얼마나 많이 울고 후회했는지 모른다. 불도 훤히 켜지 않은 깜깜한 방 안에서 몇 시간 동안 눈도 잘 깜박이지 않고 모니터를 들여다보는 나날들이었다. 얼마 되지도 않는 돈을 벌기 위해 소중한 눈을 희생시킨 내가 너무 미웠다. 사실, 돈 문제만이 아니었다. 일은 나한테 자존심이었다. 늦둥이를 낳고 사회생활에 제약이 생기면서 자존감이 많이 떨어진 상태였다. 그런 상황에서 일마저 그만두면 이대로 무너져 버릴 것 같았다.

충격적인 진단을 받은 날부터 모든 것을 바꿔야 했다. 번역을 중단하고 눈에 좋다는 모든 일을 했다. 혈액순환이 잘 되어야 눈에도 혈액이 충분히 공급되어 눈 건강이 좋아진다고 했다. 그 전에도 운동을 하고는 있었지만 더 규칙적으로, 병원에서 권하는 방식으로 했다. 결코 무리하지 않게, 지치기 직전에 그만뒀다. 이제 몸에 충격을 주고 극한으로 몰아붙이는 습관은 모두 버려야 했다.

6개월 정도 집중적으로 노력한 결과, 눈 상태는 더 이상 나빠지지 않았다. 이대로 잘 관리하면 된다고 했다. 그제야 한숨을 돌렸다. 그런데 일도 하지 않고 둘째는 어린이집에 보내 놓고 하루 종일 건강에만 신경 쓰는 생활에 슬슬 지치기 시작했다. 눈을 사용하지 않고 할 수 있는 일이란 거의 없었다. TV는 원래 즐겨 보지 않았지만 스마트폰도 볼 수 없었고 책도 마음껏 읽을 수 없었다. 아무리 건강이 중요하다지만 건강만 유지하면서 사는 게 맞는 건가? 이렇게 아무것도 하지 못한다면 시력을 오래 유지하는 것이 큰 의미가 있을까? 새로운 고민들이 이어졌다.

내 삶의 근본을 보호하는 라이프 스타일을 찾아야 한다

결국 어느 선에서 선택하고자 했다. 건강과 하고 싶은 일 사이에서 균형점을 찾아내는 것이다. 의사와 상의하고 인터넷에서 관련 정보를 수집하면서 타협할 수 있는 수준의 활동이 어느 정도인지 알아봤다. 무리하지 않는 범위 안에서 결국 어느 선에서 선택하고자 했다.

건강과 하고 싶은 일 사이에서

균형점을 찾아내는 것이다.

의 스마트폰이나 컴퓨터 사용, TV 시청은 괜찮다고 했다. 대신에 주변 조명을 밝게 하고 50분 일하면 10분 쉬는 리듬을 유지해야 했다. 마음대로 할 수 없으니 번거롭고 답답했지만 어쩔 수 없었다. 둘째는 이제 겨우 세 살. 가족을 위해 늘 희생하는 남편. 제 갈 길을 찾아가고 있는 첫째. 가족들을 위해, 그리고 아직 인생에서 하고 싶은 일이 많은 나 자신을 위해 그 정도의 수고로움은 기꺼이 감내해야 했다.

전면적으로 라이프 스타일을 수정했다. 우선 아침에 일찍 일어났다. 밤에 눈이 침침해지기 때문에 중요한 일은 오전에 다 해 두는 것이 좋다고 판단했다. 운동은 무리하지 않는 선에서 주 3회 규칙적으로, 커피는 하루 한 잔으로 줄이기, 50분 집중하면 10분 쉬기, 무엇보다도 해야 할 일과 하고 싶은 일을 하루에 고르게 배분해서 몸을 힘들게 하지 않으려고 노력했다. 힘들면 짜증이 나고, 짜증이 나면 몸이 긴장되고 혈액순환이 잘되지 않는다. 스트레스가 만병의 근원이라는데, 나에게는 '욕심을 내어 잘해 보려고 애쓰는 마음'도 스트레스 못지않은 적이었다. 신체와 정신의 자연스러운 리듬이 어긋났기 때문이다.

돈을 아끼느라 10년 넘게 사용하던 고물 데스크톱을 당장 내다 버렸다. 시력 보호 기능이 있는 신형 노트북을 사고, 노트북과 스마트폰에 블루라이트 필터 기능을 깔았다. 알람을 맞춰 놓은 후 일을 하다가도 중간중간 쉬었다. 조금만 더 해서 끝내고 싶어도 그 상태에서 멈췄다. 오래가려면 어쩔 수 없었다.

'가능한 것'을 최대한 음미하고 '불가능한 것'을 깨끗이 체념함으로써 나만의 균형점을 찾아내고, 그 균형 안에서 행복을 추구해야 했다. 불가능한 것에 화내고 안달하면서 나를 서서히 죽이는 습관에서 멀어져야 했다. 하려던 일이 잘되지 않아도, 내 능력이 욕심에 미치지 못해도, 결과가 실망스러워도 '잘했어', '그만하면 잘한 거야'라고 나에게 말해 주고 위로해야 했다.

원래 과제 중심적인 사고로 살아온 나였지만, '당장의 일이 잘 안 되어도 죽지 않는다. 일이 전부가 아니다. 눈앞의 이 일이 실패하더라도 내 삶 전체의 실패는 아니며 내 삶에는 다른 차원들이 있다. 고작 일 때문에 내 삶 자체를 힘들게 하지 말자'라며 다짐을 거듭했다. 의지와 욕심을 버리고 존재 자체의 요구를 받아들여 갔다. 그리고 그 과정에서 전보다 더 편안해지고 행복해졌다.

자기계발서는 삶의 철학이라기보다 강력한 습관 형성 도구

대신에 할 수 있는 범위 안에서 최선을 다하려고 했다. 이 부분에서 평생 읽지 않았던 자기계발서의 도움을 많이 받았다. 알고 보니 자기계발서에는 분명한 쓸모가 있었다. 물론 자기계발서의 기본 아이디어는 '세상에 나를 맞춰라', '자신을 단련해서 우뚝 서라', '당신이 성공하지 못한 것은 노력하지 않았기 때문이다'라는 메시지들처럼 '성과 우선주의'이거나 '꿈꾸면 이뤄진다', '상상하면 이뤄진다' 등의 순진한 낙관론이 대부분이다.

하지만 자기계발서는 '동기 부여'와 '습관 형성'이라는 측면에서는 아주 강력한 도구였다. 자기계발서의 기본 논리는 미국식 자본주의의 변형된 이데올로기이고, 책을 쓴 사람이 정말 그런 삶을 살았는지는 검증하기 어렵다. 그럼에도 빠른 시간 안에 강력한 동기를 만들어 내고 좋은 습관을 장착하는 데에는 확실한 효과가 있었다. 많은 자기계발서들을 접하고 도움을 받는 과정에서 이제는 자기계발서를 삶의 철학이 아닌 도구로서 활용하는 것도 괜찮다고 생각하게 되었다.

중년은 무모한 시도 대신 결실을 거둘 시간

어떤 사람은 가능한 수준을 미리 정해 놓고 거기에 맞춰 라이프 스타일을 만들어 나가는 방식이 마음에 들지 않을 것이다. 청년기의 나였더라도 그랬을 것이다. 하지만 어떤 면에서 본다면 평범한 중년들의 삶에 오히려 맞는 방식이 아닐까? 인정하고 싶지는 않지만, 중년기의 가능성은 청년기에 비해 많이 제한된다. 자신을 확 뜯어고치고 개조하는 것도 어느 나이 이후에는 가족 상황이나 신체 활력 저하, 건강 문제로 어려운 경우가 많다.

그리고 그토록 강렬하게 원하는 일이 있었다면 왜 지금까지 하지 못했는지 자신에게 냉정하게 질문할 필요도 있다. 가능성이 열려 있었던 청년기에 하지 못했던 일을 왜 가능성이 제한된 중년기에 와서 하려는 것인지, 용기 부족이었는지 능력이나 습관 문제였는지 진단해 봐야 한다. 용기가 없어 시도할 엄두도 내지 못했다면 오히려 가능성이 있다. 하지만 여러 번 시도했지만 번번이 잘되지 않았던 경우라면 의지만으로는 해결하기 어렵다.

중년기에는 특히 자신의 삶을 종합적으로 들여다보고 내가 정말 원하는 것이 무엇인지 알아내야 한다. 이제 무모하게 시행착오를 반복할 시기는 지났기 때문이다. 청년기였다면 수도 없이 실패하고 깨져도 만회할 시간이 있다. 몸도 건강하고 정신적으로도 감당할 수 있다. 하지만 그것은 어디까지나 인생의 여름인 청년기의 삶의 방식이다.

그동안의 경험들 중에서 좋았던 것,
내게 잘 맞았던 것을 골라내어 발전시켜야 한다.
내 삶에서 타협할 수 없는 것,
어떤 경우에도 반드시 지켜야 할 것이 무엇인지
알고 최선을 다하는 태도가 필요하다.

중년기에는 그동안의 경험들 중에서 좋았던 것, 자신에게 잘 맞았던 것을 골라내어 발전시켜야 한다. 청년기처럼 무한히 시도만 감행한다면 결실의 시간, 성숙의 시간은 언제 가질 수 있을까. 청년기를 살면서 몸으로 배운 교훈들과 깨달음을 왜 아무것도 아닌 것으로 만들어야 한단 말인가. 내 삶에서 타협할 수 없는 것, 어떤 경우에도 반드시 지켜야 할 것이 무엇인지 알고 그것을 흔들지 않는 한에서 최선을 다하는 태도가 필요하다.

◎

눈 때문에 전보다 생활이 많이 제한되었지만 한 가지 깨달은 사실은 그동안 내가 너무 많은 핑계를 대고 있었다는 점이다. '시간이 더 많다면', '애들이 없었다면', '더 젊었더라면'……. 이런 핑계를 끊임없이 찾아서 들이댔다. 하지만 엄연한 제한이 생긴 지금, 그 제한 속에서도 최선을 다하면 생각보다 많은 일을 할 수 있다는 사실을 알게 되었다. 오히려 제한 때문에 내가 운영할 수 있는 시간과 범위의 가치를 더

강하게 인식하고 그 시간을 더 잘 활용하기 위해 애쓰게 되는 것 같다.

노년기에는 더 많은 제한이 생길 것이다. 슬프지만 받아들이지 않을 수 없는 진실이다. 제한이 조금씩 생기기 시작하는 중년기는 노년기에 앞서 '한계 안에서 최선을 다하고 어쩔 수 없는 상황 속에서도 나만의 균형을 찾아내는' 기술과 습관을 연마할 때인지도 모른다. 청년기가 경험을 수집하는 단계라면, 중년기는 그 경험 속에서 자신에게 맞는 것을 골라내어 자신의 한계 안에서 그것을 발전시켜 가는 시간이라고 생각한다.

자신이 진정으로 원하는 것을 찾아내고 타협할 수 있는 범위를 선택하는 것. 할 수 있는 것에 감사하고 할 수 없는 것은 깨끗이 단념하는 것. 그리고 할 수 있는 범위 안에서 최선을 다하는 것. 그 와중에도 즐거움을 놓치지 않는 것. 이것이 중년을 살아가는 현실적인 지혜가 아닐까.

Part 3

풍성한 가을의 마음으로

14 잃어 가는 게 아니라 자유로워지는 것

-무거운 의무와 여성성에서 해방되는 시기

믿기 힘들겠지만 젊었을 때는 중년 여성들이 부러웠다. 물론 어릴 때는 40대 이상의 어른들을 어떤 시선으로 바라봐야 할지 몰랐다. 별 관심도 없었고 그냥 '아줌마', '아저씨' 정도로 생각했다. 그들에게도 나처럼 어린 시절이 있었을 텐데 한 번도 그런 생각을 해 본 적이 없었다. 엄마는 처음부터 엄마였고 선생님은 원래부터 선생님이었고 슈퍼 아저씨는 줄곧 슈퍼 아저씨였다. 숙제도 없고 학교에 가지 않아도 되고 잔소리하는 사람도 없으니 어른들의 삶은 신세가 편해 보였다.

중년의 문턱에 서서 중년임을 인정하기 싫어 발버둥 치는 지금의 눈으로 보면, 어이가 없지만 사실이다. 특히 여러 가지로 고민이 많았던 20대에는 아줌마들이 너무 부러웠다. 그들은 모든 점에서 안정되어 보였다. 나는 연애, 결혼, 직장 등 삶의 모든 측면을 스스로 결정해야 했다. 집에서 독립해서 직장을 다녔던 시기여서 심지어 오늘 저녁에 뭘 먹을지도 선택해야 했다. 내가 결정하지 않으면 아무 일도 일어나지 않았다. 텅 빈 종이 위에 그림을 그리는 것처럼 혼자서 몸부림치는 느낌이었다.

반면에 중년 여성들은 삶의 모든 면이 '세팅'되어 있는 느낌을 줬다. 중년 여성들은 일단 목소리부터 컸다. 나는 원래 목소리가 작아서 어릴 때부터 모깃소리 같다는 말을 많이 들었다. 그것이 콤플렉스가 되었는데 중년 여성들은 하나같이 목소리가 우렁찼다. 나는 남들이 나를 어떻게 볼까 걱정되어 행동이 조심스러웠는데 그들은 자기 편한 대로 행동하고 다른 사람들의 시선을 의식하지 않는 것 같았다. 거칠 것 없어 보였다.

선택할 필요가 없다, 인생의 중요한 요소들이 이미 다 결정되어 있다는 느낌. 넘치는 당당함과 더불어 중년 여성들을 부러워했던 또 하나의 이유였다. 선택의 무게에 찌들어 있던 나에게 선택하지 않아도 된다는 것, 이미 모든 관계가 갖춰져 있고 더 이상 추구할 과제가 없다는 사실은 너무나도 매력적으로 보였다.

게다가 아줌마들의 웃음은 어찌나 보기 좋은지. 그들의 웃음에서는 여유가 배어났다. 급할 것 없다는 듯이, 그 정도는 이미 다 안다는 듯이 거침없이 뱉어 내는 웃음은 '인생 내 마음대로 살아'라는 배짱이 느껴졌다. 어떤 '관조'의 경지까지 엿보였다. 사실 중년은 인생을 관조할 여유를 갖추기에는 아직 이른 나이지만, 20대였던 나에게는 충분히 그렇게 보였다. 세상에 홀로 던져진 무게를 감당하지 못해 쩔쩔매던 철부지 시절이었으니 나보다 20년을 더 산 아줌마들이 '베

테랑'으로 보이는 것은 어찌 보면 당연했다.

◎

중년은 그동안 자신을 짓눌러 온 '여성성' 또는 '남성성'에서 조금씩 해방되는 나이다. 여성의 경우, 폐경을 앞두거나 통과하고 있거나 지나왔기 때문에 '여성성'을 잃는 나이라고 볼 수도 있다. 하지만 여기서도 생각의 전환이 필요하다. 거꾸로 생각해 보면 잃어 가는 것이 아니라 자유로워지는 것이다.

태어날 때부터 우리가 '여성'이나 '남성'이었던 것은 아니다. 물론 성별의 구별은 있었지만 세상에 던져진 그 순간에는 모든 사람이 그냥 '인간'이었다. 생물로서의 본능인 '종족 보존'을 위해 사춘기 이후 생산성이 발달했고 청년기에 그 생산성을 발휘했다. 그러다 40대 중반 이후 서서히 생산력이 쇠퇴하면서 다시 사춘기 이전의 상태로 돌아갈 준비를 하는 것이다.

중년은 그동안 자신을 짓눌러 온
'여성성' 또는 '남성성'에서 조금씩 해방되는 나이다.
잃어 가는 것이 아니라 자유로워지는 것이다.

중년들, 특히 중년 여성들이 거침없이 자유로워 보였던 이유는 아마 이 때문일 것이다. 자녀들은 어느 정도 컸고 이제 일일이 손이 가야 할 시기는 지났다. 직장 생활이나 가사 노동의 부담은 여전하지만 이미 익숙해져서 고민 없이 컨트롤할 수 있다. 규모의 차이는 있지만 어느 정도의 경제력도 갖췄다. 자녀 양육, 가족 부양이라는 청년기의 의무에서 서서히 벗어나고 있을 뿐 아니라 이제는 '여성'이라는 굴레에서도 해방되고 있는 것이다.

하나를 얻으면 하나를 내주는 것이 세상 이치다. 여성성의 감퇴를 슬퍼할 수도 있지만, 반대로 '그저 한 인간'으로서 존재할 수 있는 시기가 다시 도래하고 있음을 기뻐할 수도 있다. 어떤 시선으로 바라보고 살아갈 것인가는 오직 자신의 몫이다.

15 '지금 여기'의 의미

-일상이 곧 행복임을 온몸으로 느낄 수 있는 나이

앞서 말했지만 중년 여성들이 그토록 매력적으로 느껴졌던 이유는 그들의 웃음에 있었다. 어디를 가든 중년 여성들은 주위를 개의치 않는 듯 '하하, 호호' 시원한 웃음을 터트리곤 했다. 10대 청소년들의 웃음소리도 주변을 의식하지 않지만 그것과는 다른 느낌이었다. 청소년들의 경우에는 주위 사람들이 있다는 것도 모르고 세상에 자신들만 존재하는 것처럼 떠들어 대지만, 중년 여성들은 주위 사람들을 의식하면서도 한편으로는 '그게 뭐 대수냐'는 식으로 간단히 무시해 버리고 수다 삼매경에 빠진다. 어찌 보면 민폐일 수도 있지만 그만큼 적극적으로 현재의 즐거움을 만끽한다는 해석도 가능하다.

◎

청년기에는 '현재를 즐겨라', '순간을 잡아라'라는 말을 많이 들었다. 머리로는 그래야 할 것 같았지만 과제가 산적해 있는 입장에서는 그 말이 사치처럼 느껴졌다. 취직도 해야 하고 결혼도 해야 하고 집도 마련해야 하는데 도대체 언제 현재를 즐긴단 말인가. 현재를 즐기라는 말은 의무는 제쳐 놓고 하고 싶은 대로 하라는 말처럼 무책임하거나 그럴 여유가 있는 사람들에게만 해당하는 호사스러운 말처럼 들렸다.

그런데 이제 중년이 되고 보니 '지금 여기'의 의미가 더 또렷하게 다가온다. 그리고 '지금 여기'를 온몸으로 느낄 수 있을 때는 바로 여행을 하는 동안이다. 개인적으로 지금까지의 일생을 통틀어 중년기인 지금의 여행이 가장 즐겁다. 청년일 때는 여행을 하면서도 완전히 몰입하지 못했다. '집에 가면 해야 할 일들이 기다리고 있다. 그 일을 제대로 해내지 못하면 앞으로의 내 인생에 큰 문제가 생길 것 같다'는 마음으로 다녔으니 여행이 마냥 즐거울 리 없었다.

반면에 지금은 여행할 때가 가장 즐겁다. 생각해 보니 중년의 여행이 즐거운 이유는 지루한 일상과 대비되기 때문인 것 같다. 청년기에는 일상이 곧 의무이자 과제였는데 그로부터 10년, 20년쯤 흐르면 일상은 힘들기보다는 오히려 지루함에 가까운 대상이 되어 버린다. 돌아가면 나를 기다리고 있을 일상이 어떤 모습인지 잘 알기에, 여행 중에 딴생각을 하거나 걱정하는 일이 아무 쓸모가 없다는 사실을 누구보다 잘 아는 것이다. 중년에게 여행은 일상 탈출의 통로다.

물론 중년에게도 고민이나 걱정은 있다. 아이들 진학 문제도 있고 경제적 상황이 여유롭지 않을 수도 있다. 하지만 아주 심각한 상황이 눈앞에 있는 경우가 아니라면, 중년들은

이런 문제도 시간과 함께 지나갈 것임을, 내가 안달해도 크게 달라지지 않음을 안다.

그것은 책임 회피나 현실 부정과는 다르다. 내가 해야 할 일은 여전히 열심히 하고 책임을 진다. 중년이 되면 오히려 책임감이 강하다. 다만, 지금의 이 반짝이는 순간이 한번 지나가면 다시 오지 않는다는 것을 경험적으로 안다. 그래서 즐거워야 할 일이 있으면 만사 제쳐 놓고 일단 그 순간을 붙잡아야 한다고 느낀다. 이런 자잘한 순간을 뜨뜻미지근하게 흘려보내면 인생에서 기대할 만한 것이 많지 않다는 사실을 그간 살아온 세월과 축적한 경험을 통해 아는 것이다.

그리고 이런 중년의 태도가 가장 잘 나타나는 계기가 바로 여행이다. 여행을 하면서, 특별한 경험을 하면서 오직 그 경험과 시간 속에 몰두할 수 있다. 순간순간 비집고 나오는 다른 상념이나 걱정이 없는 것은 아니다. 하지만 그 정도는 어쩔 수 없는 것으로 받아들이고 통제할 여유와 노하우가 있다. 걱정이 다소 있더라도 그것 때문에 현재의 경험을 망치지 않을뿐더러 '그럼에도 불구하고', '그렇기 때문에' 당장의 경험을 더 값지게 만들 수 있는 관록이 생긴다. 그리고 어떤 방식으로든 그 경험을 기록하고 흔적을 남기려고 한다. 아무리 좋은 경험이어도 잡아서 새겨 두지 않으면 망각 속으로 흘러간다는 것을 경험으로 알기에.

여행 온 중년 여성들은 마치 수학여행을 온 고등학생과 비슷한 마음이 된다. 돌아가면 또 공부에 치여 살아야 하고 대입시험이라는 가시가 목에 걸려 있지만, 바로 그 이유 때문에 '지금 이 순간'만큼은 최대한 즐기려고 한다. 마치 '오늘 놀고 죽을 사람처럼' 오버도 하고 소소한 일탈까지 감행한다.

벼르고 별러서 꿈에 그리던 유럽 배낭여행을 온 대학생과 비슷한 심정인지도 모른다. 지금은 해외여행이 워낙 흔해서 요즘 청년들에게는 유럽 배낭여행이 내가 청년이었을 때처럼 '벅찬' 의미는 아닐지도 모른다. 하지만 지금도 대학생 시절을 제외하면 두 달 정도의 시간을 내어 여행에만 몰두할 수 있는 여유를 갖기 힘들다. 이들에게는 지금 누리는 이 자유와 일탈이 '인생에서 다시 오기 힘든 순간'이라는 인식이 있다.

반면에 20대 중반 정도의 청년 여행자들은 여행을 충분히 즐기지 못하는 것 같다. 앞으로 다가올 미지의 세계에 마음이 더 가 있다고나 할까. 해야 할 과제에 눌리고, 이루고 싶은 꿈에 부풀어 '지금 여기'에 몰두하지 못하는 모습이다. 30대 여행자들 또한 일생을 통틀어 의무와 과제가 가장 많은 시기이기에 10대 청소년이나 중년만큼 홀가분하게 여행을 즐기지 못한다. 이렇게 본다면 중년의 여유는 의무로 점철된 청년기에서 벗어났기 때문에 누릴 수 있는 사치인 셈이다.

◎

중년은 진심으로 하루하루를 즐길 수 있는 나이다. 시간과 젊음의 유한함을 느끼기 때문에 일상을, '지금 이 순간'을 더 소중하게 보내려고 한다. 이것은 노년의 여유로움과는 조금 다를 것이다. 아직 노년이 되지 않아 그 세계를 모르지만, 노년은 '죽음'이라는 마지막을 앞두고 있기에 나름의 초조감을 느끼리라. 하지만 중년은 그런 감정에 쫓길 필요가 없다.

청년기에는 일상에 압도되고 휩쓸렸다면 중년기인 지금은 일상을 연주할 수 있다. 그리고 그 주도권은 온전히 '나'에게 있다. 중간중간 계획대로 진행되지 않더라도 좌절하거나 화내지 않는다. '그럴 수 있다', '그런 게 인생이다'라고 받아들이고 할 수 있는 한도 안에서 변주하는 여유가 생긴다. 포기라면 포기이고 체념이라면 체념이지만 나는 이를 '지혜'로 보고 싶다. 그리고 그렇게 할 수 있는 것도 중년의 특권이다.

16 사회에 대한 관심과 애정 키우기

- 자녀 세대가 더 행복하게 살기를 바라는 마음

사회적으로 중년을 부정적으로 바라보는 시각이 존재하는 것은 사실이다. 기본적으로 '중년'을 떠올리면 '쇠락'하는 이미지가 연상된다. 인생을 전체적으로 본다면 자연스러운 시기일 뿐이지만 사회적인 통념은 아직 그렇다. 게다가 대중들에게 영향력이 큰 TV 드라마나 영화에 비치는 중년의 모습은 결코 아름답지 않다.

일단 남성의 경우에는 회사에서 잘리지 않으려고 윗사

람에게 아부하거나, 하고 싶은 말을 못 하거나, 후배의 공을 가로채는 다소 비겁한 캐릭터들이 많다. 물러날 때가 되었는데 물러나지 않으려고 안간힘을 쓰는 모습에서 처량함마저 느껴진다. 포용력과 리더십을 발휘해서 부하 직원과 신입 사원을 챙기라는 기대를 받지만, 실제로는 아랫사람을 챙기기는커녕 자기 자리 보전에 여념이 없는 입장이다.

중년 여성도 부정적으로 묘사되는 것은 마찬가지다. 사춘기 자녀들에게 실망하고 남편의 무관심에 좌절하거나, 쇠퇴하는 외모를 비관하여 우울증에 빠지는 여성들이 자주 등장한다. 그도 아니면 중년임을 인정하지 않고 전보다 더 외모 관리에 매달리면서 젊은 여성들을 시샘하는 캐릭터다.

변화하는 자신의 위치를 인정하고 그 와중에도 최선을 다해 자신의 삶을 아름답게 꾸며 가며 관록과 여유로 주변 사람들을 포용하는 그런 중년의 모습은 찾아보기 힘들다. 물론 드라마나 영화는 어디까지나 현실이 아닌 허구다. 하지만 실제를 어느 정도 반영하는 것도 사실이다. 그만큼 중년에 대한 사람들의 인식이 부정적이다. 주변을 둘러봐도 청년들이 롤 모델로 삼고 싶을 만한 중년은 드물다. 오히려 노년층의 경우에는 청년들의 존경을 받고 멘토 역할을 하는 분들이 있는데 중년층에는 상대적으로 그런 경우가 드문 편이다.

◎

특히 본받고 싶고 삶의 궤적을 따라가고 싶은 중년 여성은 연예인이 아니고서는 별로 찾아볼 수 없다. TV나 인터넷이 현대인의 삶에 깊이 침투하고 생각을 지배하면서 연예인들의 영향력은 과거에 비교할 수 없을 만큼 커졌다. 아름다운 외모와 여성성을 아직도 간직하면서 사회적 역할까지 잘 수행하는 중년의 여성 연예인들은 한편으로는 질투의, 또 다른 한편으로는 선망의 대상이다.

사카이 준코는 "이렇게 아름다운 중년들이 각광을 받으면서 예전 같으면 자신의 위치에 만족하고 나름대로 안정된 삶을 살았을 여성들까지 정신적으로 불안정해지기 시작했으며 그 불안정이 바로 중년의 추함"이라고 진단한다. '죽을 때까지 아름답게'라는 야망을 내려놓지 않음으로써 아줌마도 할머니도 아닌 정신 상태로 평생을 살아갈 것이고, 그러면서도 어중간한 자기 자신을 버거워할 것이라고 말한다. 고미숙의 표현을 거듭 빌리자면 '여름의 끝자락에 매달려 가을을 거부하면서 평생 철딱서니 없이 사는 삶'이다.

포용력 있는 태도로 청년들을 응원하는 시선

특히 청년층에서 중년층에 대한 부정적인 인식을 많이 갖는 듯하다. 쇠락하는 단계이면서도 욕심을 버리지 않아 불쾌감을 주는 세대로 여기거나, 더 나아가 중년층이 너무 욕심을 부려서 청년층이 상대적인 불이익을 받고 있다는 인식도 존재하는 것 같다. 우리나라의 경제구조가 선진국형으로 바뀌면서 저성장과 일자리 감소는 어쩔 수 없는 현실이 되었다. 파이가 커지지 않으면서 한정된 파이를 나눠 갖는 데 따르는 세대 간의 갈등이 부각되는 것이다.

취업에 어려움을 겪는 청년들은 자리를 꽉 움켜쥐고 내놓지 않는 중년들이나 재취업한다며 다시 사회에 나오는 노년들이 마냥 좋게 보이지는 않을 것이다. 물론 각자의 삶을 영위하려는 과정에서 어쩔 수 없이 취한 선택이지만, 그 사실을 알면서도 밥그릇 싸움을 벌여야 하니 서로를 보는 시선이 곱지 않다. 중년층도 청년들이 안쓰럽지만 사실 중년층은 그런 청년이나 곧 그런 처지가 될 청소년을 아직도 부양해야 하는 처지다.

사회 전체적으로 본다면 중년은 청년을 보듬고 따뜻하게 바라보고 격려해 주고 도와줘야 할 위치다. 경제적 상황은 어쩔 수 없더라도, 마음 자세만큼은 서서히 물러남을 준비하면서 사회에 갓 나온 청년들이 빛날 수 있도록 지켜봐 주고 지지하는 시선 쪽으로 옮겨가야 하지 않을까. 자기 인생에서는 여전히 주인공이겠지만 사회에서는 언제까지나 주역일 수만은 없으므로.

에릭 에릭슨은 중년기에는 생산성 대 침체(자기 몰입)의 갈등이 주가 되는 시기라고 말한 바 있다. 인문학자들은 자연에는 가을에서 겨울로 이어지는 '수렴'하는 시간이 존재하며, 가을은 외부에 쏠렸던 시선을 서서히 내면으로 돌리면서 지금까지 쌓은 경험 중에서 좋은 것만을 골라 열매를 맺을 시기라고 주장한다.

이런 시각에는 동의하지만, 중년이 되면 외부에 대한 관심을 끊고 내면으로 파고들어야 한다고 생각하지는 않는다. 자기 성찰이 우선이라는 점에는 동의한다. 그러나 내면으로는 수렴의 계절을 맞이하면서도 세상을 더 따스한 시선으로 바라볼 수 있다고 생각한다. 자신이 살아온 궤적을 성찰하고 의미를 깨닫는 과정에서 나와 세상이 별개가 아니라 큰 흐름으로 이어져 있다는 사실을 자연스럽게 깨닫기 때문이다.

개인적으로는 중년에 접어들면서 내면을 더 자세히 들여다보는 한편, 세상에 대한 순수한 관심은 더 커짐을 느낀다. '순수한'이라는 단서를 단 이유는 나의 이해관계를 떠나 세상을 더 나은 곳으로 만들고 싶은 욕구가 커진다는 의미

내 아이들이 더 잘 살 수 있는 세상이 되었으면 좋겠고,
그렇게 만들기 위해 작은 힘이라도 보태고 싶다.
여기에 중년의 아름다움이 있다.

에서다. 물론 사회 활동 자체는 왕성하게 돈을 벌던 청년기에 더 열심히 했다. 하지만 그때는 사회가 잘 이해되지 않았다. 불만도 많았고 내가 속한 사회가 싫어서 떠나고 싶을 때도 많았지만 작게나마 지위를 얻고 돈을 벌기 위해 사회가 필요했다고나 할까.

중년기는 사회에 무관심했던 사람들도 청년기를 거치면서 사회에 대한 이해도가 높아지고 관심을 갖게 되는 시기이자, 원래 사회에 관심이 많았던 사람이라면 더더욱 자신의 목적을 달성하기 위한 이해타산적인 시선을 거두고 자녀 세대의 입장에서 사회를 걱정하기 시작하는 시기다. 개인의 인생에서 권력의지가 줄면서 세상에 대한 진정한 관심이 느는 시기인 것이다.

지금의 나는 청년기에 비해 사회 활동은 줄어들었지만 사회에 대한 이해도는 과거의 경험을 토대로 더 높아졌다. 청년기에 세상 속에서 좌충우돌하다가 중년에 와서야 세상을 더 잘 이해하게 되니 비로소 관심과 애정이 생긴다. 내가 이익을 보고 손해를 보는 차원을 떠나서 내 아이들이 더 잘 살 수 있는 세상이 되었으면 좋겠고, 그렇게 만들기 위해 작은 힘이라도 보태고 싶다. 이는 비단 나 한 사람의 마음만은 아닐 것이다. 같은 시기를 보내는 중년 모두 그러하리라 생각한다. 그리고 여기에 중년의 아름다움이 있다.

17 공부의 즐거움을 만끽할 것

-'생활과 함께하는 공부'가 가능한 나이

마흔 살 이후 신체적 노화 외에 나에게 일어난 가장 큰 변화를 꼽자면 책을 더 느리게, 그리고 마음으로 느끼며 읽게 되었다는 것이다. 전에는 눈과 머리로만 읽고 되도록 빨리 넘어갔다. 내가 원하는 지식만을 찾아서 읽고 빨리 다른 지식으로 넘어갔다. 늘 시간이 없었고 마음은 급했다.

20대에는 '다른 사람들은 어떻게 저런 직업을 얻었나', '그래서 돈은 얼마나 버나', '어떻게 좋은 남자인지 알아볼 수 있나' 등등이 궁금했다. 엄마가 된 후에는 어떻게 하면 아이를 건강하고 똑똑하게 키울 수 있는지, 어떻게 하면 돈을 잘 모으고 불릴 수 있는지가 궁금했다. 그렇게 실용적인 목적만을 찾아 책을 읽은 지 10년. 소설책을 읽어 본 지도 까마득했고 원래 좋아하던 만화책도 손에서 놓은 지 오래였다. 그만큼 내 생활에서 여유란 것이 없었다.

◎

당장의 필요만을 추구하는 독서에 지쳤던 것일까? 40세 초반이 되자 지금까지 읽지 않았던 책에 눈길이 갔다. 마음이 공허했는지 마음을 달래 주는 에세이가 좋아졌고, 거들떠보지 않던 시구절 하나에도 눈물이 흘렀다.

하지만 무엇보다도 내 생각과 삶의 자세에 영향을 미쳤던 것은 인문학 책들이었다. 특히 철학 책을 읽으면서 밑줄을 치고 행간의 의미를 읽어 내려고 애썼다. 철학 책은 유머나 잔재미가 없기 때문에 자칫하면 글자만 읽고, 읽은 후 무슨 말인지 머릿속에 남지 않는 경우가 많았다. 그래서 일부러 새벽 시간에 읽었다. 따뜻한 잠자리를 박차고 깨어나 새벽에 혼자 책상에 앉는다는 것 자체가 굳은 결심을 필요로 한다. 이렇게 애써 마련한 시간을 대충 하는 독서로 버린다니 말도 안 된다. 귀한 시간을 낸 만큼 새벽마다 나보다 앞서 세상을 산 현명한 사람들의 이야기에 진심으로 귀를 기울였다.

조금 살아 본 덕분인지 다행히도 예전에 비해 이해력이 많이 늘어 있었다. 단어의 뜻이 선뜻 잡히지 않을 때는 지금까지 살아온 경험에 의지해서 그 말의 의미를 알아 갔다. 문장 하나하나보다는 전체적으로 전달하려는 메시지가 무엇인지 파악하려 했고, 더 나아가 그 사람이 어떤 태도로 어떤 인생을 살았을지 상상해 봤다. 그렇게 나와 다른 삶을 이해해 나갔다.

즐거웠다. 매일매일 인생 선배를 만나는 것처럼 새벽 독서 시간이 기다려졌다. 혼자 눈물도 흘리고 감동도 하고 경탄도 하다 보면 한두 시간이 훌쩍 가 있었다. 그러고 나서 하

조금 살아 본 덕분인지 다행히도 예전에 비해
이해력이 많이 늘었다.
그렇게 나와 다른 삶을 이해해 나갔다.

루를 시작하면 내가 세상과 인간 삶, 무엇보다 내 삶의 본질에 한 발자국 더 다가간 것 같아 뿌듯했다. 그 시간 이후에는 아이들 챙기고 내 일을 하고 집안일하는 시간이 이어졌지만, 새벽 시간의 충만함 덕분인지 오히려 더 기운이 났다.

이 과정에서 많은 것을 배우고 깨닫게 되었다. 그래서 나이 들어 하는 공부가 진짜 공부라고 말하는가 보다. 서점에 나가 살펴보면 중년 이후 공부의 즐거움을 다룬 책이 의외로 많다. '독서가 인생을 바꿨다'는 책들은 관련 사업을 하려는 퍼스널 마케팅적 성격도 있지만 어떤 의미에서는 진실이다. 책을 읽는다는 것은, 작가이자 여성학자인 정희진의 말대로 '내 몸이 한 권의 책을 통과하는 것', 혹은 '한 권의 책이 내 몸을 통과하는 것'이다. 좋은 책을 마음으로 읽기 전과 읽고 난 후의 삶이 결코 같을 수는 없다. 좋은 책은 잔잔했던 내 마음에 돌을 던지고 그 돌은 아무리 미미하더라도 반드시 물결을 만들어 낸다. 마음으로, 진심으로 책을 읽는다는 행위는 어찌 보면 삶을 바꾸는 행위다.

중년의 공부는 어떠해야 할까

『나이 듦 수업』에서 물리학자 장회익은 '지혜'는 육체적·지적 쇠락을 막을 수 있는 열쇠이며, 우리가 지혜를 쌓는 목표는 '나는 어떤 세계에 있는 어떤 존재이며 어떤 자세로 살아가야 하나'를 알기 위해서라고 말한다. 우리는 이 답을 찾기 위해 평생 공부해야 하며 노년은 혼자 공부하는 법을 배울 수 있는 기적의 시간이라는 것이다. 혼자 공부한다는 것은 어느 정도 공부가 된 상태에서 아무런 구속도 받지 않고 스스로 정리해 내는 것을 의미한다.

그는 공부를 즐긴다는 것은 몸과 마음이 함께하는 행위라고 말한다. 공부에 몰두하다가 건강을 해치거나 생활의 다른 부분에 피해를 준다면 이는 진정으로 공부를 즐기는 태도가 아니라고. 재미있지만 쉬어 가면서, 자기 삶의 다른 중요한 부분들까지 돌봐 가면서 자신의 삶에 맞게 '오래' 할 수 있는 노년의 공부 습관을 만들어야 한다고 강조한다.

한마디로 오래가려면 재미있어야 하는데, 재미있으려면 무리하면 안 된다는 것이다. 책 읽다가 머리 아프면 산책하고, 산책하다가 더 좋은 생각이 떠오르고. 이런 과정을 거치면서 자신의 인생에서, 또는 이루고자 하는 분야에서 중요한 질문에 대한 답을 찾아 가는 것이 노년에 맞는 공부라고 한다. '몸과 마음이 함께하는 공부'인 셈이다.

◎

그렇다면 중년의 공부란 어때야 할까? 나는 중년의 공부를 '생활과 함께하는 공부'라고 말하고 싶다. 중년은 아직 할 일이 많다. 아이들도 돌봐야 하고 조기 은퇴하지 않은 이상 돈도 벌어야 한다. 사람들도 만나야 하고 인생 후반부를 대비하여 제2의 커리어를 모색하기도 해야 한다. 노년처럼 공부를 최우선 순위에 놓을 수 없다.

내 경우에는 새벽 시간을 활용한 독서가 집중도가 높아서 도움이 된다. 새벽에 책을 읽고 잘 이해되지 않거나 조금

마흔 이후의 공부는 삶과 함께 가는,

생활과 동시에 이뤄지는 공부여야 한다.

더 생각하고 싶거나 오래 곱씹고 싶은 부분에 밑줄을 긋는다. 그런 부분을 모아서 정기적으로 노트북에 옮겨 놓는다. 책을 읽으면서 떠오르는 생각은 밑줄 친 부분 옆에 써 놓는다. 하루 동안 생각하고 싶은 화두라면 개인 SNS 앱에 적어 놓는다.

40대 중반 이후부터는 뇌세포가 급격하게 줄어든다고 한다. 그래서 그 나이 때 사람들이 '뒤돌아서면 잊어버린다'는 말을 하나 보다. 나도 그랬다. 아무리 눈물을 흘리고 감탄하면서 읽어도 며칠 지나면 잘 생각나지 않았다. 그 화두를 붙들고 씨름하면서 나만의 생각을 더 이어 가고 싶은데 내용 자체가 기억나지 않으니 낭패스러웠다.

하지만 적으면 달라졌다. 뇌과학적으로도 손으로 적으면 더 기억에 잘 남는다고 한다. 악필인 데다가 필기 속도가 느린 나는 손 글씨를 포기하고 그냥 자판으로 적었다. 자판으로 적어도 기억에 남는다. 한 번은 책에, 또 한 번은 나만의 메모 프로그램이나 SNS에 적어 놓으면 잊지 않는다.

내 경우에는 노트북이나 메모 프로그램보다 SNS 대화창에 적어 놓는 것이 효과적이었다. 노트북이나 메모 프로그램에 적으면 그 내용을 보기 위해 '일부러 프로그램을 여는' 의식적인 행동을 해야 하기 때문이다. 하지만 대화창에 적어 놓으면 하루에도 수십 번 날아드는 메시지를 보기 위해 대화창을 열다가 내가 적은 화두들을 보게 된다. 보지 않을 수 없도록, 노력하지 않아도 자연스럽게 보게 되는 상황을 만들 수 있다. 생활의 바쁨, 신경 쓸 거리의 많음, 시간 자체의 부족함을 의지만으로 해결하려고 하면 힘들어진다. 힘들면 안 하게 되고, 그런 자신에게 실망하는 악순환이 이어진다. 대화창을 활용하는 방법은 이런 면에서 효과적이다.

그래서 중년의 공부는 '삶과 함께 가는', '생활과 동시에 이뤄지는' 공부여야 한다. 이렇게 하루 동안에 하나의 화두를 몇 번 들여다보면 굳이 애쓰지 않아도 어떤 생각이 떠오르는데, 그 생각을 대화창에 적어 넣는다. 형식은 아무래도 좋다. 오타가 많아도 개의치 않는다. 이런 '단상'들이 조금 쌓이면 한 번에 죽 읽어 본다. 그러면 내 생각의 흐름을 알 수 있고, 잠시 짬을 내어 가진 자투리 시간에 떠오른 생각인데도 어느새 발전해 있고 정리되었음을 발견한다. 너무 기쁜 일이다.

이 정리된 생각을 글로 적는다. 쓸 내용은 이미 마련되었으므로 문장의 완성도는 신경 쓰지 않는다. 그저 내 생각을 완성하는 것이 중요하다. 그리고 그 글을 블로그로 옮긴다. 누군가 블로그에 공감을 표해 주면 무척 즐겁다. 나와 비슷한 생각을 하는 사람이 있다는 증거이기 때문이다.

그 생각을 조금씩 더 발전시켜 나간다. 이렇게 모인 생각 조각들이 중년기 삶을 세우는 기둥이고 앞으로 노년기 삶을 지탱할 뼈대가 된다고 생각하면 뿌듯하다. 이미 은퇴한 사람들에게는 하나의 사업 아이디어가 될 수도 있고 후반부 인생을 다시 지펴 줄 의외의 불씨가 될 수도 있다.

계속 궁금증이 이어지는 하나의 화두를 머릿속에 집어넣고 밥도 하고, 가족들과 이야기도 하고, 지인들과 공유하며 다른 사람들의 생각도 엿본다.

그 과정을 틈틈이 기록하고 정리하며 발전시키는 것. 이것이 내가 생각하고 실천하고 있는 중년기 공부의 모습이다.

18 새로운 기술을 배우는 용기가 필요하다

– 유용한 지식과 무용한 지식을 모두 껴안는 태도

'일상성'과 더불어 중년기 공부에는 중요한 요소가 하나 더 있다. 그것은 바로 새로운 기술을 습득하는 것이다. 중년이라고 실용성을 무시할 수는 없다. 주변 어른들의 이야기를 들어 보면 하나같이 노년기에는 '시력' 때문에 새로운 것을 배우기 어렵다고 한다. 시력 자체가 나빠지기도 하고, 시력이 괜찮아도 노안 때문에 가까운 물체가 안 보이거나, 눈 건강이 나빠져서 무엇이든 오래 집중해서 보기 힘들기도 하다.

나도 눈이 매우 안 좋은 편이기 때문에 시력이 항상 걱정된다. 지금은 눈 건강을 지키기 위해 정기적으로 병원에도 가고 약도 먹으면서 많은 노력을 하지만, 더 나이가 들면 현실의 냉정한 '한계'에 부딪히게 될 것이다. 그때는 새로운 일을 배우기보다는 지금까지 해 온 일을 오래 할 수 있도록 유지, 관리하는 것이 관건이다. 그래서 비교적 아직 건강한 중년기에는 앞으로 노년기에 꼭 필요하다고 생각되는 기술을 미리 배워 놓는 것이 좋지 않을까 생각한다.

블로그 글쓰기, 영상 편집 기술, 경제 지식 쌓기

사람에 따라 노년기에 꼭 필요한 기술이 다를 것이다. 내 경우에는 운전과 글쓰기, 영상 편집 기술이 꼭 필요하다는 생각이 들었다. 운전을 할 수는 있지만 능숙하지는 못했다. 하지만 눈이 갑자기 나빠져서 병원에 다니게 되면서 능숙한 운전은 사실상 포기했다. 눈이 괜찮았을 때도 운전에 자신이 없었는데 좋지 않은 눈으로 운전을 고집하다가 사고라도 나면 큰일이기 때문이다. 그냥 대중교통을 이용하기로 마음을 정했다.

대신 글쓰기 수업을 듣고 영상 편집 기술을 배웠다. 우선 거의 매일 블로그에 글을 썼다. 책을 읽으면서 느낀 점을 쓰기도 하고 책 내용을 요약해서 올리기도 했다. 어느 날 문득 떠오른 생각을 쓰기도 하고 과거 어느 한 시점의 경험을 이야기처럼 쓰기도 했다. 재테크에 관심을 갖고 있을 때는 주로 재테크 정보를 올렸고 글쓰기에 집중할 때는 내 생각을 주로 썼다. 여행을 하고 나서는 여행에 관한 정보나 사진을 정리해서 포스팅했다. 큰 욕심은 없었다. 그저 내 삶의 자취를 기록하고 자주 들여다보며 돌본다는 느낌으로 블로그 글을 써 나갔다. 그렇게 1년 넘게 블로그를 운영한 결과, 구독자 수가 1만 명을 훌쩍 넘었다. 특별한 목적을 가지고 블로그를 하지 않았는데도 블로그 글쓰기는 나에게 많은 선물을 줬다.

글쓰기가 완전히 습관이 되자 이번에는 유튜브로 관심

을 돌렸다. 정적인 내 성격에도 맞고, 유튜브가 주도적인 소셜 미디어로 자리 잡았기 때문에 배워 두면 나중에 쓸모가 있으리라 판단했다. 원래 IT 기기를 다루는 센스가 없어 남들에 비해 잘하지는 못했지만, 교육과정이 끝난 후에도 혼자 이것저것 만들어 보면서 시간을 덜 들이고 내가 원하는 콘텐츠를 구현할 수 있는 방법을 찾아 나갔다. 6개월 정도를 노력한 결과 어느 정도 나만의 노하우를 쌓았고 구독자 수도 8만 7천 명이 넘은 상태다. 지금은 조금 느슨하게 하고 있지만 앞으로 5년쯤 후에 남편이 은퇴하면 함께 본격적으로 콘텐츠를 만들 계획이다.

◎

앞으로의 삶에 필요한 기술이라면 무엇이든 좋다. 개인적으로는 40대 중반에 경제와 재테크 지식을 쌓는 데 많은 시간을 들였다. '돈의 속성'을 잘 모르는 상태로 자본주의 시대를 살면서 미약함과 무력함을 많이 느꼈기 때문이다. 그래서 돈이 어떤 메커니즘으로 움직이는지 너무 늦기 전에 꼭 알고 싶었다. 내가 알아야 가족의 자산을 지킬 수 있고 아이들에게도 옳은 경제관을 심어 줄 수 있다고 생각했다. 내 부모님은 자본주의나 재테크에 대해서는 아무것도 모르셨고 그로 인해 경제적으로 힘든 삶을 사셨다. 그 경험은 부모님의 인생뿐 아니라 나를 포함한 자식들의 삶에도 많은 영향을 미쳤다. 나는 적어도 부모님보다는 더 나은 삶을 살고 아이들에게 더 좋은 영향을 주고 싶었다.

적극적인 목표가 없더라도 재테크 지식을 습득해야 하는 또 하나의 이유가 있다. 경제관념 없이 주어진 일만 하다가 노인이 되면 사기꾼의 표적이 되기 쉽다. 적어도 인플레이션의 원리라든가 투기와 투자의 차이, 현명한 의사 결정 방법만 알아도 노년에 가족의 재산을 지킬 수 있다.

무용한 것을 아는 즐거움

몇 년간의 공부를 통해 많은 것을 얻었다. 나 자신에 대해 더 확실히 알게 되었고 내가 무엇을 원하는지 알게 되었다. 그리고 내가 원하는 라이프 스타일을 갖추려면 어떤 지식과 경험이 필요한지도 깨닫게 되었다. 하지만 무엇보다도 내가 얻은 중요한 수확 중 하나는 나에게는 지식과 앎, 배움 그 자체가 기쁨이라는 사실을 깨달았다는 것이다.

철학 책을 읽는 나에게 어떤 사람들은 "그런 거 읽어서 뭐 하는데? 돈이 나오냐, 밥이 나오냐?"라고 말할지도 모른다. 나도 철학 책이 돈 버는 데 도움이 된다고는 생각하지 않는다. 하지만 중년 이후 마음을 열고 철학 책을 읽은 후로 내 삶은 확실히 변했다. 정신적으로도 바뀌었고 물리적으로도 변화가 있었다.

삶을 보는 눈이 바뀌면서 내 삶을 대하는 태도가 바뀌었다. '지금 여기'에 더 집중하면서 '내가 통과하고 있는 이 순간'을 더 뚜렷하게 의식할 수 있었다. 작은 경험이라도 돌아보게 되었고 그 경험에서 어떤 의미를 찾아내려고 애썼다. 이런 과정을 통해서 일상은 그저 반복적으로 흘러가는 시간

지금, 여기.

내가 통과하고 있는 이 순간.

이 아니라 의미 있고 풍성한 시간이 되었다. 남의 삶을 구경하면서 부러워하는 구경꾼이 아니라 비로소 내 삶을 적극적으로 사는 주인공이 된 느낌이었다.

내 삶에 자신이 생기면서 가족과의 관계도 좋아졌다. 스스로에게 실망하면서 느끼게 되는 짜증, 무력감, 좌절감을 다스릴 수 있게 되었다. 마음 상태를 들여다보며 '너 지금 힘들구나? 오늘은 일이 잘되지 않았지? 내일은 조금 나아질 거야. 내일은 달라질 수 있다는 걸 경험으로 알잖아'라고 말해 주면서 나를 달래고 다독일 수 있게 되었다.

◎

쓸모 있는 기술을 습득함과 동시에 '무용한' 것을 아는 즐거움도 느끼게 되었다. 이제 '지식 그 자체가 기쁨'이라는 사실을 부정하지 않는다. 전에는 사는 데 도움이 되지 않는 쓸데없는 지식만 끌어안고 있다며 스스로를 비난하기도 했고, 책의 세계에 안주하면서 현실에서 도피한다고도 생각했다. 그래서 30대에는 실용적인 책을 제외하고는 책을 거의 읽지 않았다.

하지만 무용한 것이 뭐 어떻단 말인가? 버트런드 러셀은 『게으름에 대한 찬양』에서 "이제 지식은 그 자체로 좋은 것, 혹은 폭넓고 인간적인 인생관을 세우는 수단이라기보다는 단순히 전문적 기능으로 여겨지게 되었다"라고 말한다. 그는 모든 사람이 대의에 도움이 되는 일을 해야 하는데 다들 '유용한' 지식만을 습득하느라 애쓰며 인생을 보낸다고 꼬집는다.

러셀은 의식적인 활동이 어떤 한 가지 목적으로만 모아지면, 사람들이 균형감을 잃게 되고 그 결과 신경쇠약 증세를 보이게 된다고 말한다. 그리고 '무용한' 지식의 가장 중요한 이점은 숙고하는 습관을 조성해 준다는 점이며, 지식은 불쾌한 일을 덜 불쾌하게 만들고 즐거운 일을 더 즐겁게 만들어 준다고 말한다. 즉, 무용해 보이는 지식이 삶을 풍부하게 만들어 준다는 것이다.

고대 그리스나 중국에서는 지식 그 자체를 추구하는 분위기가 있었다고 한다. 알랭 드 보통은 『불안』에서 미국을 중심으로 한 현대사회에서 능력주의가 득세하면서 능력과 지위 사이에 관련성이 있다는 믿음이 늘어났다고 통찰한다. 그 결과, 사람들은 능력 있고 부지런한 사람은 돈을 많이 벌고, 능력도 없고 게으른 사람은 가난하게 사는 것이 당연하다고 생각하게 되었다.

이제 가난한 사람은 '불운한' 사람이 아니라 '실패자'가 된 셈이다. 실패자나 멍청이로 보이고 싶은 사람은 없으므로 당장 필요 없는 지식에는 아무도 관심을 기울이지 않는다. 돈을 많이 벌려는 이유는 미래가 불안하거나 그 돈으로 하고 싶은 일이 있어서이기도 하지만 단순히 무시당하지 않으려는 이유도 포함된다.

하지만 나는 사람이 어떤 목적을 위해 태어났다고 생각하지는 않는다. 실존주의 철학자들 말대로 우연히 세상에 던져졌으며, 따라서 존재 그 자체가 목적이다. 나에게는 나 자신이 목적인 것이다. 중년 이후 외부 소음으로부터 멀어지고 스스로를 들여다보면서, 효용 가치로만 재단하는 시선에서 나 자신을 떼어 놓을 수 있었다.

쓸모없는 것들, 그냥 있는 것들, 그저 존재하는 것만으로도 애정이 생기는 것들. 이런 애정에는 아무 잘못이 없다. 그런 무용한 것들을 좋아하는 내가 이제는 좋다. 무용한 것을 사랑하면서 유용성도 함께 추구하는 태도. 어찌 보면 둘 사이에서 균형을 잡는 것이 중년기에 나에게 주어진, 내가 선택한 다양한 역할을 충실히 수용하는 하나의 방식인 것 같다.

19 누적된 경험치를 자양분으로 삼아라

– 이제 경험을 토대로 지도를 완성해 갈 시기

어느 시점부터 세상일이 조금 더 만만해지고 편해진다고 느꼈다. 하긴 당연하다. 이미 세상에 태어나 산 지 몇십 년이 지났다. 뭐든 익숙해지면 편해지는 것이 세상 이치다.

남편의 주재원 발령으로 해외 생활을 두 번 경험하면서 비슷한 감정 변화를 느낀 적이 있다. 지금 당장 새로운 나라로 가서 살아야 한다고 생각해 보자. 집도 얻어야 하고, 차도 구해야 하고, 대중교통 노선과 시간도 알아내야 한다. 은행

계좌도 만들어야 하고, 아이들이 있다면 유치원과 학교 전학 수속도 밟아야 한다. 집 안을 채울 가재도구며 살림살이도 사야 하고, 당장 오늘 저녁거리를 준비하기 위해 근처 마트도 찾아봐야 한다. 아마 새로운 곳으로 가서 짧으면 3개월, 길게는 6개월은 적응하느라 시간이 다 갈 것이다. 이 시기는 인생에 비유하자면 좌충우돌하는 청년기에 해당한다.

6개월이 지나면 서서히 편해진다. 이미 세팅을 끝내고 주변 사람들, 내가 발을 디딘 새로운 나라의 제도와 시스템을 알아 가기 시작한다. 그런 과정에서 불만도 생기고 전에 살던 곳과 비교도 하면서 비판적인 시선을 갖게 된다. 아예 몰랐을 때는 불만이 없었는데 조금 알면 불만이 더 많이 생긴다. 새로 이주해 오는 사람들에게 이 나라는 별것 없고 문제가 많다는 비딱한 말도 한다. 희망을 안고 새 나라로 온 사람들은 정착 생활 1년 선배의 시큰둥한 반응을 접하고 당황하기도 한다. 적당히 시니컬한 30대 중반의 모습이 딱 이랬던 것 같다.

복닥복닥한 첫해가 지나면 많은 부분이 편해진다. 완전히 정착한 것이다. 이제 동네의 지리에도 환해져서 어떤 가게가 어디에 있는지도 다 알고, 주말에 뭘 하면서 시간을 보내야 할지도 안다. 새로 오는 사람들에게 이것저것 친절하게 조언해 줄 수도 있다. 일상에 완전히 자신감이 붙어서 슬슬 다른 고민이 생긴다. 생각해 보니 돌아갈 날이 많이 남지 않았는데 외국에서 살아 볼 흔치 않은 기회를 잘 이용했는지 걱정이다. 좌충우돌하다가 시간만 보내지는 않았는지, 뒤돌아보니 충분히 좋은 곳이었는데 초반에는 걱정하다가 중반에는 흠잡다가 시간을 많이 허비한 것 같다. 같은 시기에 온 다른 사람들이 나보다 훨씬 더 다채롭고 풍부한 경험을 한 것 같아 은근히 비교된다. 나는 왜 그렇게 못 했을까? 이 시기가 40대 중반 이후, 중년이 아닐까 싶다.

이제 6개월 뒤면 한국으로 돌아가야 한다. 미운 정 고운 정 다 든 이곳 생활을 마치려니 아쉬움이 많다. 하지만 시간이 없다. 그동안 못 간 곳을 골라서 주말에 가 본다. 남들이 다 맛있다고 한 식당이나 유명한 가게도 혹시 빼놓지 않았는지 생각해 본다. 컴퓨터 안에 아무렇게나 저장해 둔 사진들도 폴더별로 정리하고, 돌아가서 가족과 친지들에게 줄 선물도 구입한다. 버릴 물건은 버리고 가져갈 물건은 챙겨 놓는다. 귀국 날짜가 다가올수록 이곳에 대한 애정이 솟는다. 이제는 이곳에서의 하루하루가 귀하게 느껴지고 인생에서 주어진 선물이었음을 깨닫는다. 우리의 노년과 비슷한 모습이다.

중년은 비로소 인생에 '맥락'이 생기는 시기

중년은 청년기에 닥치는 대로 채집했던 경험이 그 진가를 발휘하는 시기로, 그 당시에는 나에게 어떤 의미가 있었는지 잘 몰랐던 사건들의 의미가 발견된다. 미스터리가 한 꺼풀 벗겨지듯 퍼즐이 맞춰지듯, 독립적이고 고립된 것처럼 보였던 사건들이 거대한 그림의 한 조각이었음을 조금씩 깨닫는다. 청년기가 무차별적으로 마주치는 개별 사건들 속에서 허우적거린 시간이었다면, 중년기는 이제 내 인생에서 '맥락(콘텍스트, context)'을 서서히 얻어 가는 시기다. 그림의 진가를 제대로 감상하려면 몇 발자국 뒤로 떨어져 전체적으로 바라봐야 하듯이 이 나이가 되면 내 삶의 그림이 전체적으로 보이기 시작한다.

인생을 '코끼리 더듬기'에 비유하자면, 코끼리의 발, 다리, 꼬리 하나하나를 따로 만지는 초년에는 내가 도대체 무엇을 만지고 있는지 알 수 없다. 중년기에 이르면 코끼리의 모든 부분을 거의 다 만져 본 셈이 된다. 확실하지는 않지만 어떤 형체인지는 알겠다. 미심쩍은 부분은 다시 만져 보기도 하면서 잘못되었던 인상을 하나하나 지워 나간다. 그러면서 머릿속에 코끼리의 전체 모습 그림이 그려지기 시작한다. 몇 발자국 더 뒤로 가서 본다면 내가 만진 코끼리의 실체가 확실히 파악될 것 같지만, 아직은 코끼리와 조금 더 씨름할 때다.

경험은 중년의 자양분이다. 경험으로 꽉 찬 사람에게 중년은 추수의 시간이다. 대니얼 클라인은 "축적된 경험, 그것이 노인이 풍부하게 이용할 수 있는 최고의 자산이다"라고 말한다. 중년은 그동안 한 경험 중에서 좋았던 것과 좋지 않

인생을 '코끼리 더듬기'에 비유하자면,

중년기에 이르면 코끼리의 모든 부분을

거의 다 만져 본 셈이 된다.

경험은 중년의 자양분이다.

았던 것을 선별해서 취사선택할 수 있다. 아직 인생의 마지막 단계에 이르지 않았고 아직도 해야 할 일들이 많지만, 경험의 의미와 맥락을 얻어 더 능숙하고 자신감 있게 일상을 살아갈 수 있다. 이 시기가 지나면 지금까지 여행한 인생의 조감도도 그릴 수 있을 것이다.

내성적인 사람이 중년을 더 즐겁게 보낼 수 있다

특히 중년은 내성적인 사람들에게 제2의 전성기가 될 수 있다. 중년은 '외향적이고 활동적이어서 새로운 것을 좋아하는 사람'과 '내향적이고 익숙한 것을 좋아하는 사람' 사이에 희비가 갈리는 시점이기도 하다. 학자들은, 중년은 에너지가 자신의 내부를 향하는 시기이기 때문에 외부 활동이나 새로운 사람들과의 교류보다는 내면 여행이나 그동안 알고 지낸 사람들과의 친목에 더 집중하게 되는 시기라고 지적한다. 청년기에 에너지가 많고 활동적이었던 사람은 갑자기 찾아온 신체 능력 저하와 그로 인한 활력 감소를 내성적인 사람에 비해 더 당혹스럽게, 더 비통하게 받아들이게 된다. 자신이 잘했던 것들을 하나씩, 서서히 잃게 되는 감정과 맞닥뜨려야 한다. 자신의 인생에 시작된 새로운 국면을 받아들이려면 시간이 더 많이 필요하다.

반면에 내성적인 사람들에게 중년은 마음먹기에 따라 제2의 전성기가 될 수 있다. 내향적인 사람들은 외향적인 사람들에 비해 새로운 경험 앞에서 주저한다. 안전감, 확신이 없으면 쉽게 달려들지 못한다. 아마 그래서 남들에 비해 놓친 기회도 많고 아쉬움도 더 많을 수 있다. 그런데 중년에 도달하고 보니 전에 없던 자신감과 확신이 생긴다. 인생이 살아 볼 만한 것임을, 세상이 살 만한 곳임을 확인하기까지 시간이 꽤 걸렸지만, 이제는 세상이 안전한 놀이터로 여겨진다. 자신감을 바탕으로 이제 좁은 물에서 벗어나 조금씩 새로운 것을 모색할 수 있게 된다.

게다가 중년은 그동안의 경험을 돌아보면서 자신만의 의미를 찾고 인생의 지도를 완성해 가는 시기다. 내성적인 사람들에게 내적 성찰은 자신 있는 분야다. 20대에 자신감이 없었고 고민과 걱정이 많았던 사람들이라면 그만큼 저축해 놓은 자산이 많은 셈이다. 이제 그 경험과 자신의 장기를 활용할 때가 왔고 시간은 이들의 편이다.

반대로 외향적이었던 사람은 중년이 되면 변화와 새로운 자극이 별로 없기에 우울감을 느낄 수도 있다. 하지만 바꿔 생각해 보면 외향적이었던 사람에게는 그동안 축적해 놓은 엄청난 양의 다채로운 경험이 있다. 새로운 경험 쌓기의 속도를 늦추고 과거의 경험과 익숙한 일상의 의미에 시선을 돌리면 이들 역시 풍성한 중년을 보낼 수 있다.

전제 조건은 있다. 내면과 마주하고 고독을 두려워하지 않아야 한다. 그리고 점점 늘어나는 혼자만의 시간을 컨트롤할 자기 관리 능력이 있어야 한다. 사람들은 나이 든 사람들에게는 관심이 없다. 이들의 시선은 젊은 사람들을 향하고 있다. 이제 나에게 관심을 줄 사람은 나밖에 없다. 슬프지만 냉정한 진실이다.

Part 4

나이 듦의 의미

20 '젊음 숭배'의 그늘

-본능, 성적 시선, 자본주의를 넘어

두려움은 다가오는 일의 실체를 잘 모르는 상태에서 느끼는 감정이고, 슬픔은 가졌던 것을 잃는 데서 느끼는 감정이다. 우리가 노화를 두렵고 슬프게 생각하는 이유는 중년기 이후의 삶을 잘 모르고 영원할 것 같았던 젊음을 부당하게 잃어버렸다고 느끼기 때문이다. 그리고 그 배후에는 젊음에 대한 숭배가 자리 잡고 있다.

여기에는 여러 가지 이유가 있다. 인간이 처음부터 젊음만을 떠받들었던 것은 아니다. 고대 그리스에서는 젊은 육체의 아름다움을 찬미하는 한편 나이 든 철학자도 아름다운 청년 못지않게 존경했다. 고대 중국이나 한국에서도 지혜로운 노인은 사회의 중심을 잡아 주는 꼭 필요한 존재였다. 20세는 이제 막 어른이 되었다는 의미에서 '약관(弱冠)'으로 불렸고, 40세가 되어서야 비로소 미혹되어 갈팡질팡하지 않는 '불혹(不惑)'이라는 이름을 얻을 수 있었다.

유전자가 나이 듦을 거부한다

우리가 젊음을 사랑하는 이유는 동물적인 본능 때문일 것이다. 연륜과 경험이 존경받았던 고대에도 '젊고 파릇파릇한 존재'에 대한 찬미는 엄연히 존재했다. 인간은 동물이고 유전자의 지배를 받는다. 생물은 무생물과 달리 수명이 정해져 있기 때문에 번식을 통해 종의 연속성을 보존해야 한다. 이를 통해 개체는 소멸해도 종은 영원히 남을 수 있는 것이다.

유전자는 개체의 생산력을 사랑한다. 번식 못 하고 힘없으면 소멸해야 하는 것이 자연의 법칙이다. 하지만 다른 동물과 달리 사회적 존재인 인간은 생산력 없는 노인도 보호했다. 어린아이를 돌보거나 생활의 지혜를 제공할 수 있기 때문이다. 특히 농경 사회에서는 노인의 지혜가 필수적이어서 노인이 큰 존중을 받았다.

그럼에도 불구하고 그때에도 늙음을 한탄하는 '탄로가(嘆老歌)'는 있었다. 건강한 육체와 생산력을 가진 청년은 부러움의 대상이다. 자원이 서서히 줄어들고 있는 중년과 노년은 이제 막 꽃피는 청년을 부러움과 감탄의 시선으로 볼 수밖에 없다.

하지만 인간은 다른 동물과는 다르다. 생물로서, 동물로서 생산력에 대한 본능적인 부러움은 어쩔 수 없지만 유전자의 명령에 마냥 굴복하지는 않는다. 인간은 다른 동물과는 달리 자신의 유전자와도 싸워 왔다. 인간에게는 자손을 낳고 번식하는 문제를 떠나, 먹을 것이 많고 적음을 떠나, 집단에서 높은 서열을 차지하는 경쟁을 떠나 다른 중요한 문제가 하나 더 있기 때문이다. 그것은 '의미'와 '가치'에 대한 추구다.

자본주의하에서 '쓸모없는 것'으로 전락한 나이 듦

유전자의 명령 외에도 우리가 유독 젊음에 집착하게 된 데는 또 다른 중요한 요인이 있다. 그것은 바로 자본주의의 영향이다. 문명은 인간을 추위, 배고픔, 질병 등 많은 제한에서 해방시켜 왔다. 그러니 나이로부터도 해방되어야 할 것 같지만 인간 문명에서 상대적으로 뒤늦게 찾아온 자본주의(1784년 증기기관 발명과 함께 영국에서 시작된 1차 산업혁명을 자본주의의 시작으로 본다면, 자본주의의 역사는 200년 정도밖에 되지 않았다)는 생산력을 우선시함으로써 늙음을 '쓸모없는 것'으로 만들고 노년을 '변방'으로 밀어냈다.

노인은 생산의 주체도, 소비의 주체도 아니다. 생산력과 관계없이 가장 많이 소비하는 계층이 20대와 30대이므로 광고는 이들을 최대한 매력적으로 포장한다. 어찌 보면 광고에 주인공으로 등장하지 않는 사람들은 자본주의의 우선순위에서 밀린 사람들이라고도 볼 수 있다.

물론 노인과 달리 중년은 여전히 자본주의에서 대접받는 중요한 집단이다. 중년은 생산력 곡선에서 정점을 찍고 이제 슬슬 내려오는 단계이지만, 소비 곡선에서는 정점에 다다른 시기다. 직장에서 중간 관리자 이상의 지위를 차지하고 있고 자녀가 청소년이나 대학생이 되는 시기이기 때문에 수입과 지출이 인생을 통틀어 가장 부풀려져 있다. 한 사람의 연령별 소비 패턴을 다이아몬드 형태로 도식화한다면 가장 뚱뚱한 부분이 바로 40대 중반에서 50대 중반일 것이다. 청년은 본인의 소비량만 책임지면 되지만 중년은 자녀 세대의 소비까지 다 책임져야 한다. 부모 세대의 소비까지 일부 책임지기도 한다. 이 시기를 지나 자녀들이 독립하면 중년의 가계부는 많이 홀쭉해진다.

한편 어린아이는 부모를 통해 소비를 발생시키므로 자

본주의사회에서 상당히 우대받지만, 노년층은 일부 부유한 개인을 제외하고는 집단 전체로는 관심의 대상에서 밀려나 있다.

성적 대상으로 남고자 하는 욕망이 노화를 부인한다

현대인들은 대체로 젊음 지상주의에 사로잡혀 있는데, 특히 여성이 외모 변화와 노화에 더 괴로워한다. 본능적인 측면도 있지만 사회적으로 '외모'가 여성의 자산이자 자본이었기 때문일 것이다. 여성학자들의 말을 빌리면, 자신을 성적 대상으로 바라보기 때문이다.

반면에 남성들은 외모의 변화보다는 능력이나 지위 상실에 더 슬퍼한다. 능력과 지위, 권력이 그들이 중시하는 자원이자 사회적인 평가 기준임을 보여 주는 대목이다. 특히 권력관계에 익숙한 남성들은 아무 권력도 없는 상태를 받아들이기 힘들어한다. 은퇴하고 나서도 무슨 '회장'이라도 맡으려 애쓰는 이유도 이 때문인 것 같다. 이에 반해 여성들은 사회에서 권력 그물망을 중심으로 평가되지도 않고 스스로를 그런 관점에서 바라보지도 않는다. 따라서 능력이나 지위를 잃어 가는 것보다는 외모 변화나 여성으로서의 생산력 상실에 특히 더 슬퍼한다.

현대인들의 청년 숭배에는 사회적 영향, 특히 TV를 포함한 대중매체의 영향이 크게 작용한다. TV 속 연예인들은 잘 늙지 않으며 비교적 우아하게 나이 들어 간다. 하지만 누구나 알듯이 이것은 결코 그들이 신의 축복을 받았기 때문이 아니다. 엄청난 돈과 시간과 노력을 들여 달성한 일종의 성취이자 기적이다. 일상생활과 아이들 뒤치다꺼리를 손수 해야 하는 보통 사람들에게는 도저히 따라갈 수 없는 불가능의 경지다.

나도 연예인들이 부럽다. 하지만 그들은 나의 표준이 아니다. 내가 그들을 따라 하기 때문에 광고주들은 그들에게 엄청난 돈을 쓰는 것이며 그 덕분에 그들은 부자가 되고 계속 젊은 외모를 유지할 수 있다. 즉, 평범한 내가 자본주의의 첨병인 그들의 젊음을 유지시켜 주는 것이다.

유리한 싸움을 택하는 지혜가 필요한 때

엄연히 자본주의 세상에서 살고 있는 상태에서 자본주의가 인간 문명에 가져다준 많은 혜택을 부인할 수는 없다. 하지만 나는 개별 존재로서 자본주의의 젊음 우상화에 대항해야 한다고 생각한다. 나이 듦이 원래부터 쓸모없었던 것은 아니다. 현대 자본주의하에서 유독 폄하되고 부당 대우를 받고 있을 뿐이다. 사회적으로도 인식이 바뀌어야 하겠지만 우선은 개인의 인식 변화가 먼저다.

인간은 동물적 본능에 순응하기도 하지만 한편으로는 그것에 대항하면서도 살아왔다. 과학기술을 통해 질병과 싸워 왔고 수명을 연장해 왔다. 이것은 어찌 보면 유전자와의 투쟁이며 창조주에 대한 도전이었다. 태어나면서 주어진 운명과 창조주도 거스르는데, 한낱 우리의 피조물인 자본주의를 거스르지 못할 이유가 있을까.

생산성 쇠퇴, 외모 쇠락, 육체적 에너지 소진 등에 휘둘리지 않으리라 다짐한다. 나이 듦은 하나를 내어 주고 하나를 얻는 과정으로, 내어 준 부분은 진공으로 남는 것이 아니라 다른 무엇으로 채워진다. 강점이 되지 못할 부분에서 씨름하지 말고 다른 영역으로 관심을 옮기는 것이 현명하다고 생각한다. 개인이 바뀌어야 비로소 사회가 바뀐다. 그리고 내가 그 개인 중 한 명이 되지 못할 이유는 없다.

절대 자본주의 따위에 내 인생 후반부를 저당 잡힐 수 없다. 충만해야 할 중년과 노년을 자본주의가 주입시킨 생각에 사로잡혀 우울하게 보내지 않을 것이다. 감퇴하는 생산력(육체적 젊음과 경제력)을 유지하기 위해 매달리거나 생산력을 되찾기 위해 능력을 넘어 무리한다면 자본주의에 휘둘리는 것이다. 젊을 때는 현실에 순응할 수밖에 없었다. 하지만 그때는 세상에 대해 아무것도 몰랐고 스스로 축적한 결실이 아무것도 없는 전반부였다. 이제 후반부를 시작하는 입장에서는 청년기를 거쳐 얻은 경험으로 무장한 태도와 관점, 즉 다른 패러다임을 채택해야 한다. 생산과 소비의 영역이 아닌 창조와 배움, 성찰과 나눔의 영역으로 옮겨가야 할 시기다.

◎

유명한 인터넷 커뮤니티인 '82cook'의 게시판을 읽어 보면 심심치 않게 등장하는 외모 논쟁이 있다. '나이 들면 외모는 평등해진다'와 '그래도 외모는 중요하다. 젊을 때 미인이 나이 들어서도 미인이다'라는 두 의견이 팽팽히 대립한다.

사소한 이슈인 것 같은데 댓글들 간 기 싸움이 생각보다 강하다. 나는 그 글들을 보면서 전자는 외모가 뛰어나지 않거나 외모를 중시하지 않는 사람이고 후자는 외모에 공들이는 사람, 비교적 외모가 우수한 사람이라고 추측했다.

젊었을 때 외모에 강점이 있던 사람은 나이 들어서도 외

정말 현명해지려면
'외모'와 '젊음'이라는 장에서
아예 떠나야 한다.

모 우위가 지속되기를 바랄 것이고, 외모가 강점이 아니었던 사람은 중년 이후부터는 예쁜 사람도 외모라는 장점을 잃고 평등해지기를 원하는 마음일 것이다.

하지만 나는 정말 현명해지려면 그 '외모'와 '젊음'이라는 장에서 아예 떠나야 한다고 생각한다. 아무리 잘 유지하더라도 그것은 잃지 않으려고 애쓰는, 즉 궁극적으로 '지는 게임'이기 때문이다. 게다가 우리의 자원은 늘 한정되어 있다. 하나의 영역에 지나치게 신경 쓰면 다른 영역에서 손해 보게 된다. 중년 이후 유리한 영역은 따로 있다는 생각이다.

물론 외모와 신체적 활력을 전적으로 무시할 수는 없다. 하지만 내 경험으로는 '과식하지 않는 습관'과 '운동'만으로도 많은 것이 개선되었다. 물 많이 마시기, 운동, 비타민제 먹기, 커피 줄이기, 자기 전 간단한 팩 하기 정도는 열심히 하려고 한다. 필요하다면 지나치지 않은 범위 안에서 쁘띠 성형을 할 생각도 있다. 하지만 그 한계를 분명히 인식하고 너무 매달리지 않는 태도가 중요하다. 이런 균형 감각은 청년기를 살아 낸 중년만이 누릴 수 있는 특권이자 핵심 역량이다.

진정한 기쁨과 생기, 활력은 하고 싶은 일을 하고 자신의 진짜 욕망에 충실하게 사는 충만감에서 온다고 생각한다. 그런 점에서 이제 불리한 싸움은 그만하고 유리한 싸움을 하려고 한다. 앞으로 계속 잃게 될 외모와 신체적 활력에 매달리기보다는 정신적 지혜, 통찰, 지식, 베풂, 관계로 노력을 돌리는 편이 더 현명하지 않을까. 물론 익숙한 것을 버리고 미지의 세계로 옮겨가야 하기에 조금 서글프기도 하지만 고통이 따르는 만큼 돌아올 기쁨도 크리라.

21 나이 들어 좋은 점

-진정한 소확행을 누리는 기쁨

개인적으로 마흔의 문턱을 넘으면서 '다른 사람의 시선이 뭐가 중요할까'라는 생각이 들기 시작했다. '남의 눈 의식하지 말고 나 하고 싶은 대로 하자'라고 마음먹고 의식적으로 그렇게 행동하는 것과는 차원이 다르다. 마흔이 넘으면서 중요한 것과 중요하지 않은 것, 신호와 소음을 구별하게 되었다고나 할까.

청년기에는 뭐든 잘 몰랐기 때문에 남들 말이 옳은가 보다 생각하고 그저 따르는 부분이 많다. 하지만 어느 정도 살고 나면 어떤 경우에도 지켜야 하는 것, 놓치지 말아야 할 것, 그리고 주어진 시간에 충실하다 보면 저절로 따라오는 것을 자연스럽게 구별할 수 있게 된다. 무엇보다 열심히 살았음에도 불현듯 느껴지는 존재의 허무감과 싸워야 하는 상황을 맞이하게 되고, 그러고 나면 남의 시선 따위는 대수롭지 않아진다.

◎

정말 남을 덜 의식하게 된다. 내가 남의 시선을 의식하지 않을 뿐 아니라 남들도 나에게 관심이 없어진다. 어찌 보면 슬픈 일이다. 어려서는 부모님과 선생님, 청년기에는 직장 상사와 동료들로부터 어느 정도의 관심을 받으면서 살아왔기 때문이다. 관심과 주목의 대상에서 슬슬 멀어져야 한다는 것. 서운하지만 육체의 쇠락과 마찬가지로 받아들여야 하는 자연스러운 현상이다.

한편 관점을 바꿔 보면, 관심을 잃는 것이 아니라 관심으로부터 자유로워지는 것이다. 젊을 때는 어떤 일을 하려고 해도 '다른 사람들이 날 어떻게 생각할까' 하는 걱정에 쉽게 시작하지 못하는 경우가 많다. 나도 남의 눈을 의식하다 시도조차 해 보지 못한 일들이 한두 가지가 아니다. 춤을 배워 보고 싶었지만 친구들이 들으면 "네가?"라고 말할 것 같아 그만뒀다. 많은 생각들이 사전 검열을 통과하지 못하고 폐기 처분되어 버리곤 했다. 용기를 내어 시작했더라도 주변 사람들이 관심을 갖고 이것저것 물어 오면 슬슬 부담스러워지기도 했다.

하지만 마흔을 넘긴 다음부터는 사람들이 나에게 더 이상 지나친 관심을 갖지 않고 주목하지도 않는다. 남들의 눈에서 자유로워지고 성과를 바라는 시선에서도 해방된다. 나도 나 자신에게 많은 것을 바라지 않는다. 지금까지 의무에만 충실하면서 살아왔는데, 앞으로는 하고 싶은 일은 결과와 상관없이 해 보겠다는 마음이라고나 할까. 지금까지 한 번도 해 보지 않은 새로운 일에 가볍게 도전할 수 있다.

"축적된 경험,

그것이 노인이 풍부하게 이용할 수 있는

최고의 자산이다."

- 대니얼 클라인

우리가 새로운 일을 시작하는 데 주저하는 가장 큰 이유는 실패를 두려워하기 때문이다. 더불어 지금이 그런 일을 하기에 적합한 시점인가, 더 중요한 일에 시간을 할애해야 하지 않을까 하는 생각 때문이다. 하지만 중년기에는 이런 두려움과 고민이 무의미해진다.

스스로에게 물어본다. '지금 이걸 하면 내 인생이 아주 다른 방향으로 흘러갈 것인가?', '잘못되면 내 인생에서 큰일이 일어날 것인가?' 큰돈을 들여 사업을 벌이지 않는 이상 그럴 걱정은 없다. 중년기에 들어서면 가족, 직장 등 삶의 기본 토대는 어느 정도 구축되어 있다. 가족생활이나 하는 일에 어느 정도 만족하는 사람이라면 중년기에 시도하는 일들로 인해 삶의 틀이 완전히 바뀌지는 않는다. 그런 사람은 주변 환경을 바꾸기보다는 자신을 바꾸려고 할 것이기 때문이다.

'더 중요한 일'도 이제 큰 의미가 없다. 스무 살 이후 20년이 흘렀다. '나중', '더 적합한 타이밍', '여유 시간이 날 때'

라는 핑계로 많은 일을 유예해 왔다. 당장 하지 않아도 되는 일들인 한편, 순수한 호기심에서, 자신의 즐거움을 위해 가장 해 보고 싶은 일들이기도 했다. 개중에는 체력이 필요한 일들도 있다. 가속도가 붙어 가는 세월의 흐름을 알기에 더 이상 노년으로 미룰 수도 없다. 새로운 것을 툭툭 건드려 보고 어느 정도 경험해 봤다 싶으면 결과가 좋든 좋지 않든 홀가분하게 다른 것으로 옮겨갈 수 있다.

남들보다 잘하지 못해도 좋다. 애초에 경쟁하기 위해 시작한 일이 아니므로 우위에 서지 않아도 그만이다. 그저 새로운 것을 해 보는 데서 살아 있음을 느낀다. 그리고 즐거움과 깊은 충만감을 맛보면 또 그뿐이다.

소소하지만 확실한 행복의 진실

몇 년 전부터 '소소하지만 확실한 행복(소확행)'이 인기다. 어떤 사람들은 소확행이라는 트렌드가 현실의 어려움을 뚫고 나가기 힘드니까 안전하고 확실한 것에 안주하려는 태도라며 평가 절하한다. 하지만 곱씹어 볼수록 소확행에는 어느 정도 삶의 진실이 있다는 생각이 든다. 그리고 남의 시선에서 자유로워지는 중년기야말로 마음껏 소확행을 누릴 수 있다.

1990년대 후반에 영어 학원을 오래 다닌 적이 있다. 그때 만난 외국인 강사는 일과 사회적 성공에 큰 가치를 부여하는 한국 사회의 분위기에 놀라워했다. 그는 미국, 영국의 젊은이들은 일에 관심이 없으며, 오로지 개인적 가치를 우선시한다고 했다.

20년 후, 한국이 선진국이 되면서 이런 분위기 역시 함께 등장했다. 오늘날의 청년들은 성장 과정에서 경제적 어려움을 경험하지 않았다. 교육도 충분히 받았고, '나'에 가장 큰 가치를 두고 의사 결정을 한다.

돈이나 지위가 없어도 지금 당장 가능한 행복한 경험을

쌓아 가는 것과, 모두가 인정하는 성취를 이루고 나서 행복을 만끽하는 것 중에서 어떤 선택이 더 옳은지는 아무도 모른다. 끊임없는 경쟁을 요구하는 자본주의사회에서 우리는 두 가지 길 앞에 서게 된다. 하나는 도피하는 것, 다른 하나는 어떻게든 승자가 되는 것. 두 번째 길을 선택한다 해도 재능과 노력이 만나고 운이 따라 주는 경우에만 모두가 꿈꾸는 성공에 한 걸음 다가갈 수 있다. 어찌 보면 소확행을 추구하는 사람들은 눈앞에 놓인 선택지 중에서 나름 현실적이고 이성적인 답안을 고른 것이다. 이들에게는 이룰 수 있을지 없을지 모르는 목표를 위해 10년, 20년을 헌신하기보다는 당장의 행복이 더 중요하다. 멀리 있는 지상낙원을 찾아 헤매느니 나만의 작은 정원을 가꾸고 그 안에서 지금 바로 행복하겠다는 것이다.

목표를 세우고 그것을 위해 노력하는 자세에 반대하지는 않는다. 나도 그런 성향을 꽤 가지고 있다. 다만 성취하지 못했다고 해서 스트레스를 받고 자신을 가혹하게 대하는 태도에는 반대한다. 그것은 성취 이데올로기의 희생양이 되는 길이다. 우리는 성취 이데올로기가 절대적인 진실이 아니라 자본주의가 세계를 지배하면서 나타난 산물이라는 사실을 이해해야 하며, 그것을 자신의 삶에 도움이 되는 수준에서 이용해야 한다.

소확행을 지향하는 젊은이들은 눈총을 받기도 한다. 때로는 "젊은 나이에, 패기도 없이 저런 사소한 일에 시간을 낭비하다니"라는 소리를 듣기도 한다. 하지만 중년기에는 이런 시선을 의식할 필요가 없다. 중년이 아무리 사소한 즐거움에 몰두하더라도 사람들은 '그런가 보다' 하고 생각할 뿐이다. 내 가치를 인정받기 위해 더 이상 애쓸 필요가 없다. 어차피 남들도 나이 들어 가는 사람에게는 관심을 갖지 않는다. 그런 의미에서 중년기는 소확행을 마음껏 누릴 수 있는 자유롭고 행복한 시기다.

가장 값진 자산은 시간

어떤 사람들은 모두가 부러워할 만한 부와 명예를 얻고서도 소박한 생활을 하면서 '돈은 어느 수준이 지나면 큰 의미가 없다'고 말한다. 그런 말을 할 자격은 돈을 많이 벌어 본 사람, 명성을 얻어 본 사람에게만 있는지도 모른다. 평범한 사람이 그런 말을 한다면 자기 합리화나 정신 승리라고 여길 것이다.

돈이 많은데도 모은 돈을 사용하지 않고 소박한 생활을 한다면 돈은 왜 버는 것일까? 아마도 버트런드 러셀의 말대로 현대사회에서는 돈이 효용 가치가 아니라 성취의 증거이거나 노력의 상징으로 여겨지기 때문일 것이다. 또한 알랭드 보통이 지적했듯이, 돈은 자아실현의 결과일 뿐 아니라 도덕적인 품성의 지표로 받아들여진다.

하지만 중년은 유전자의 명령이나 자본주의 이데올로기가 아닌, 내면에 있는 진짜 욕망에 귀를 기울여야 할 시기다.

행복해지기 위해 성취를 추구하는 것은 좋지만 성취하려는 욕망의 노예가 되어서는 안 된다. 가장 중요한 자산인 시간을 낭비하게 될 수도 있기 때문이다. 세상이 인정해 주는 '위대함'이 아닌 '나를 행복하게 하는 것'을 좇다 보면 나의 진짜 욕망을 만날 수 있을 것이다.

◎

돈을 벌고 싶고 유명해지고 싶지만 그 과정이 즐겁지 않다면 과연 행복할 수 있을까? 행복을 연구하는 심리학자들에 따르면 '쾌락 적응' 현상 때문에 성취를 이루고 난 후에 느끼는 짜릿함은 짧을 수밖에 없다. 도파민의 유효기간이 끝나면 우리는 더 큰 목표를 세우고 그것을 향해 돌진해야 한다. 과거의 성취는 곧 의미 없어지고, 새로운 흥분이 없으면 인생은 쉽게 지루해지기 때문이다. 큰 성취를 이뤄 대중의 갈채를 받은 경험이 있는 이상 작은 즐거움에 만족하기란 쉽지 않다.

돈을 벌고 경쟁에서 승리하고 자신의 일에서 성공하는 것만이 삶의 전부는 아니다. 장회익은 노년에 '잎들이 떨어지니 비로소 가지가 보인다'면서, 중요하지 않은 것들이 다 떨어져 나가고 정말 중요한 것들만 남는 시기가 바로 노년기라고 말한다.

성취하지 못했다고 해도, 남들에 비해 돈이 많지 않다고 해도, 전문 분야에서 뚜렷한 명성을 얻지 못했다고 해도 충만한 인생 후반부를 누릴 권리와 자격은 누구에게나 있다. 남에게 그 자격을 인정받으려 하지 말고 스스로 그 자격을 인식하고 적극적으로 누려야 한다.

22 시간의 공평함

-의미 있게 시간을 보내는 기술

태어날 때부터 인생은 불공평했다. 어릴 때는 이 불공평함이 도드라져 보이지 않는다. 보통 청소년기에 세상이 모두에게 공평하지 않다는 사실을 눈치채고, 자립하는 청년기부터는 세상살이가 공정하지 않음을 절실히 느끼게 된다.

하지만 다행히도 인생 후반부의 시작인 중년기부터는 사람들의 삶을 지배하는 많은 요소들이 어느 정도 엇비슷해진다. 일단 사람들 사이에서 외모의 격차가 줄어든다. 젊었을 때 미인이 나이 들어서도 미인인 것은 맞다. 그렇지만 나이가 들면 여성이 아무리 예뻐도 사람들이 별로 눈길을 주지 않는다. 특히 이성으로부터 관심을 받기가 어렵다. 같은 여성들은 '저 사람은 어떻게 관리했기에 나이에 비해 젊어 보일까?'라고 생각하면서 유심히 보기도 하지만, 남성들의 눈길은 기본적으로 젊은 여성들에게 가 있다. 물론 아주 간혹 나이 든 여성들에게 관심을 보이는 남성들도 있지만 안타깝게도 목적을 가지고 접근했을 가능성이 높다. 슬프지만 엄연한 사실이다.

남성들도 예외가 아니다. 물론 남성들은 외모보다는 사회적 지위나 부에 의해 평가되는 측면이 크기 때문에 책임 있는 위치에 있는 부유한 중년 남성은 나이에도 불구하고 매력적으로 보일 수 있다. 하지만 현대사회는 기본적으로 젊음을 숭배하고 동안(童顔)에 후한 점수를 주는 경향이 있기 때문에 여성들의 눈길도 이왕이면 나이 어린 남성들을 향하게 마련이다.

중년기는 신체 활력과 외모가 하향 곡선을 그리기 때문에 외모가 청년기만큼 권력을 발휘하지 못한다. 이는 부동산과 비슷한 점이 있다. 부동산 호황기에는 비싼 집과 싼 집의 차이가 크지만, 불황기에는 두 재화의 절대적인 가격 차이가 줄어든다. 불황기에는 모든 자산의 가치와 매력도가 감소하기 때문이다. 백화점 세일과도 비슷하다. 정상 판매 기간에는 신상품과 재고 상품 사이의 가격 차이가 엄청나서 신상품은 쳐다볼 수도 없다. 하지만 백화점이 전면적인 세일에 들어가면 신상품의 가격도 비교적 만만해진다. 중년기는 부동산으로 치면 불황기, 백화점으로 치면 세일 기간인 셈이다.

◎

돈도 마찬가지다. 어떤 사람들은 무슨 말이냐며 반문할지도 모른다. 청년기에는 모두가 다 엇비슷하게 빈손이었지만, 중년기와 노년기는 일생을 통틀어 자산 차이가 가장 벌어져 있는 시기이기 때문이다. 맞는 말이다. 자산은 시간을 먹고 자라기에 시간이 지날수록 자산을 많이 가진 사람과 적게 가진 사람의 차이는 크게 벌어진다. 여기에서 개개인의 돈 버는 능력 차이까지 고려한다면 청년기에는 고만고만했던 자산 차이가 중년기를 지나 노년기에는 비교 자체가 불가능할 정도로 벌어질 수 있다.

하지만 생계를 지탱할 만한 최소한의 자산이나 소득이 없는 경우를 제외하고는, 중년기의 돈은 한 사람의 인생에서 청년기만큼 의미를 가지지 못한다. 중년쯤 되면 경제생활을 지속적으로 해 온 사람들은 대부분 어느 정도의 자산을 가지고 있으며 직장 생활이나 사업도 비교적 안정되어 있다. 한마디로 청년기처럼 밑바닥에서 시작해서 절박하게 뭔가를 만들어 내야 하는 시기는 아니다. 일이든 생활이든 관계든 어느 정도 관심을 꺼도 관성적으로 굴러가는 시기이며, 그래서 인생이 슬슬 권태로워지기 시작한다. 당연하다. 학교를 졸업하고 취직하거나 사업을 시작한 이후 비슷한 일상이 비슷한 모습으로 20년 이상 지속되어 왔기 때문이다.

청년기에는 1억이 그 사람의 인생을 바꿀 만큼 큰돈이 되어 줄 수 있다. 공부를 좋아하는 사람이라면 학비 걱정 없이 원하는 공부를 계속해서 학자가 될 수도 있고, 사업에 재능이 있는 사람이라면 그 돈이 사업을 일굴 종잣돈이 되어 줄 수도 있다. 하지만 중년은 이미 삶의 중요한 요소들이 어느 정도 결정된 시기다. 1억이 아니라 10억이 갑자기 생기더라도 인생이 청년기만큼 드라마틱하게 바뀌지는 않는다.

점점 더 평등해지는 가처분 시간

무엇보다도 가장 공평해지는 부분은 시간이다. 외모가 뛰어나든 그렇지 않든, 돈이 많든 적든, 시간 앞에서는 모두 평등해진다.

젊을 때는 '가처분(可處分) 시간'의 배분이 굉장히 불공평하다. 돈이 많으면 자신이 해야 할 일을 다른 사람에게 돈을 주고 위임할 수 있기 때문에 이 가처분 시간을 크게 늘릴 수 있다. 하지만 돈이 없으면 모든 일을 본인이 해야 하기 때문에 가처분 시간이 적어진다. 어찌 보면 현대사회에서 돈이란 곧 시간이다. 생명이 유한한 인간에게 시간은 가장 큰 자원이며 돈이 많으면 원하지 않는 일에 귀한 자원을 낭비하지 않을 수 있다. 돈이 가진 무시무시한 힘에 눈을 뜨는 시기가 바로 청년기다.

그러나 이 불평등했던 가처분 시간이 중년기부터는 조금씩 다시 평등해지기 시작한다. 자의든 타의든 직장 생활은 점차 마무리 단계에 들어선다. 일을 계속하는 경우에도 업무 노하우가 충분하기 때문에 투입되는 시간은 줄어든다. 전업주부의 경우도 아이들이 어릴 때는 일일이 손이 갔지만 이제는 다 큰 아이들이 공부에 바빠서 얼굴 보기도 힘들다. 친구 관계도 거의 정해져 있기 때문에 주기적으로 보기만 하면 된다. 오롯이 나만을 위해 사용할 수 있는 시간이 늘어나는 것이다.

◎

학교를 졸업하고 이제 막 사회에 진출한 초년생 시절에는 모든 것이 다 처음 해 보는 일이기 때문에 몸도 마음도 정신없이 바쁘다. 업무에도 익숙해져야 하고, 인간관계도 맺어야 하고, 인생의 중대사인 결혼을 위해 데이트도 소홀히 할 수 없다. 멋도 내야 하고, 철 따라 여행도 가서 예쁜 사진을 찍어 SNS에도 올려야 한다. 잠시라도 여유 시간이 생기면 너무 반갑고 그 시간에 하고 싶은 일이 많아 고민일 정도다.

하지만 중년에는 상황이 달라진다. 업무도 능숙하게 조율할 수 있고 새롭게 구축해야 할 인간관계도 별로 없다. 절대적인 여유 시간은 점점 더 늘어나는데 그 시간을 짜릿하게 보낼 수 있는 일이 별로 없어진다. 어느 정도 다 해 본 일들이고 이제는 뭘 해도 그저 심드렁하다. 여가마저 일상이 되어 버린 것이다. 돈이 아무리 많아도, 외모가 아무리 뛰어나도, 이 굴레에서 벗어날 수 없다. 새롭지 않은 일은 권태롭게 마련이다. 20세 이후로 20~30년을, 세상에 태어난 이후

40~50년을 살아왔다. 슬프게도 사는 것 자체가 슬슬 지루해지고 권태로워진다.

특히 치열한 경쟁 환경에서 살아온 사람들은 성공을 위해 당장 급하지 않은 욕구를 희생시키는 라이프 스타일에 익숙해져 버렸다. 일말의 낭비도 없이 모든 에너지와 관심을 일에 투입해 왔다. 그러다 타의든 자의든 일에서 점점 손을 놓아야 할 시점이 되면, 늘어나는 가처분 시간 앞에서 당혹스러워한다. 시간은 점점 더 많이 남는다. 그리고 남는 시간이 점점 더 반갑지 않게 된다.

시간을 의미 있게 보내는 기술

사실 여유 시간을 잘 활용하는 것은 매우 고차원적인 기술이다. 버트런드 러셀은 "어느 정도 권태를 견딜 수 있는 힘은 행복한 삶에 있어서 필수적이다. 이것은 젊은 사람들이 배워야 하는 것 중 하나다"라고 말한다. 러셀에 따르면, 현대인들은 권태를 두려워하다가 알코올·마약 등 더 나쁜 종류의 자극에 중독되는 경향이 있으며, 이는 어릴 때부터 단조로운 삶을 견디는 능력을 기르지 못했기 때문이라고 지적한다. 그리고 이를 해결하기 위해 자신의 노력과 창조력에 의지해서 스스로 환경으로부터 즐거움을 찾아야 한다고 강조한다. 또한 영화 감상처럼 재미는 있지만 육체적인 활동이 전혀 수반되지 않는 수동적인 오락거리를 지나치게 탐닉해서는 안 된다고 말한다. 그는 "행복한 인생이란 대부분 조용한 인생이다. 진정한 기쁨은 조용한 분위기 속에서 깃들기 때문이다"라고 결론을 내린다.

젊었을 때부터 다양한 취미를 경험해 보고 자기 관리 능력을 키워 놓지 않으면 중년기에 TV 드라마나 스포츠 방송을 보는 데만 귀한 시간을 허비하게 될 수도 있다. 어떤 사람들은 이렇게 남는 시간을 잘 활용하지 못하고 의미 없게 써버리는 자신에 실망하고, 그 결과로 찾아오는 부정적인 감정이 두려워서 일에 더 몰두한다. 자신을 믿지 못해 시간이라는 가장 귀한 자원을 외부에 위탁하고 마는 셈이다.

이런 차원에서 보면, 중년에는 가처분 시간을 의미 있게 사용하는 사람과 그렇지 않은 사람 간의 질적인 시간 불평등이 오히려 커질 수도 있다. 청년기에는 누구나 시간 관리나 자기 관리 능력이 부족했다. 인생 지도를 처음으로 만드는 단계이기 때문에 자기 관리 수준도 고만고만했다. 백지 상태에서 각자 시행착오와 헛발질을 반복하며 자기 관리 능력을 조금씩 발달시켜 온 것이다. 그리고 세월을 거치면서 비슷비슷했던 시간 관리 능력에는 상당히 큰 격차가 생겼을 터다. 그 격차가 중년기 삶의 질을 결정한다.

그나마 중년기는 노년기와 달리 아직 사회생활을 하고 자녀들이 독립하지 않은 시기다. 이 시기에 늘어나는 나만의 시간을 충실하게 사용하지 못한다면 시간이 턱없이 많아지는 노년기에 삶의 질이 더 낮아질 수 있다. 따라서 중년기에는 인생 후반부에 하고 싶은 일을 정하고, 나만의 시간을 충실하게 사용할 수 있는 자기 관리 능력을 점검해 봐야 한다. 그리고 부족한 부분을 길러 둬야 한다. 그러지 않으면 시간을 내 편으로 만들 수 없다.

◎

다행스럽게도 나이가 들수록 우리의 시간 관리 능력이 더 나아진다는 연구 결과들이 있다. 한 예로, 캐나다 몬트리올대학교의 오우리 몬치 박사는 "두뇌는 나이가 들수록 자원을 더 잘 배분하는 방법을 습득한다는 주장을 뒷받침하는 신경생물학적 증거를 확보했다"라고 밝혔다. 또한 "노인의 두뇌는 도파민 의존도가 저하되어 충동적인 반응이 줄어들고 감정에 지배받는 정도가 줄어든다"라고도 설명한다.

그리고 미국의 의학·과학 전문 기자이자 작가인 바버라 스트로치는 저서 『가장 뛰어난 중년의 뇌』에서 '중년의 지혜와 경륜'은 청년의 뇌 이상으로 뛰어나다고 말한다. 기억력이 둔화되어 자주 잊어버리고 깜빡깜빡하기는 하지만 탁월한 통찰력과 긍정적인 에너지가 점점 커진다는 것이다. 이 책에 따르면, 중년의 뇌는 경험의 산물이며 오히려 젊을 때보다 더 우수한 '최고의 뇌' 상태라고 한다. 몇몇 인지적 요소의 기능이 떨어지는 것은 사실이지만 더 고차원적인 판단력과 상위 인지능력이 막강한 힘을 발휘하기 때문이다.

중년 이후 갈수록 공평해지는 시간의 속성과 더 향상되는 시간 관리 능력을 생각하면, 중년기에 해야 할 가장 중요한 일은 시간을 의미 있게 보내는 나만의 기술을 완성하여 그 풍요로운 시간 속에서 스스로와 깊이 있게 만나는 일이 아닐까 싶다.

"행복한 인생이란 대부분 조용한 인생이다.
진정한 기쁨은 조용한 분위기 속에서 깃들기 때문이다."

- 버트런드 러셀

23 소박한 기쁨들로 풍성한 마흔 이후를

–작은 취미로 오늘 하루 잘 살기

한국인은 대체로 취미가 별로 없다. 특히 1960년대, 1970년대에 태어난 1·2차 베이비부머들은 한 가지 목표만을 위해 전력 질주 하는 삶을 강요받으면서 성장했고, 그것을 이상적인 삶으로 생각해 왔다. 중고등학교 때는 공부 잘하는 것, 대학 시절에는 고시 패스나 대기업 취직, 직장에 다닐 때는 승진 등이 유일무이한 지상 과제였다.

중년은 이렇게 삶을 바라보는 협소한 관점을 근본적으

로 바꿔야 하는 시기다. 이제부터는 속도가 아니라 생활의 질, 다양한 경험 등 계량화하기 어려운 '소프트'한 측면이 삶에서 중요해진다. 이미 인생의 절반을 보내고 난 중년기에도 계속해서 직선의 삶을 살아간다면, 나만의 균형을 모색하면서 현재의 삶에서 충만감을 느끼고 살아온 길을 돌아보면서 내 삶의 의미를 정리할 시간이 아예 없어질 수도 있기 때문이다. 그야말로 질주하다가 어느 날 갑자기 뚝 끝나는 삶이 될지도 모른다. 원대한 목표를 향해 달려만 가느라 하루를 소진하기보다는 오늘 하루 새로운 경험을 했는지, 충만감이 느껴지는 좋은 하루였는지 자신에게 물어봐야 하는 시기라고 생각한다.

◎

나도 취미가 적었다. 누가 시간이 날 때 주로 무엇을 하느냐고 물어보면 독서와 영화 감상 외에는 딱히 대답할 말이 없었다. 물론 책 읽기는 세상에서 가장 가성비가 높고 좋은 취미 중 하나라고 생각한다. 청소년기에 알게 된 독서의 즐거움은 지금도 평생 가져가고 싶은 나의 보물 중 하나다. 하지만 독서 말고 딱히 즐기는 취미가 없다는 것은 그만큼 내 삶이 무미건조하고 편협했다는 사실을 보여 주는 증거다.

물론 이유는 있었다. 우리 사회를 지배하는 성과주의의 영향을 받아 목표를 정하면 무리해서 그것을 달성하려 했고, 쉬는 시간도 짜냈다. 그 결과, 마흔에도 취미란에 '독서' 밖에 적을 것이 없는 재미없는 사람이 되어 버렸다. 그림을 그리고 싶었지만 항상 뒤로 미뤘다. 당장 할 일이 산더미 같은데 다른 데 관심을 두는 것이 사치이자 직무 유기처럼 여겨졌다.

그런데 이상하게도 해야 할 일만 생각하고 사는데도 일이 생각만큼 잘되지 않았다. 사람이 집중하는 데는 한계가 있기에, 8시간 정도 집중하고 나면 나머지는 '하기 싫다'는 생각을 하거나 나도 모르게 멍때리는 시간이 이어지곤 했다. 지금은 '놀 때 놀고, 일할 때 일해야 한다는 말'을 잘 이해한다. 하지만 당장 눈앞의 일도 제대로 바라보지 못하는 청년기에는 이런 균형 잡힌 생각을 하지 못했다.

일이 더 이상 삶의 전부가 될 수 없다

자본주의는 인간에게 물질적 풍요를 가져다줬지만 대신 일의 즐거움을 앗아 갔다. 산업혁명 이전은 장인들의 세상이었다. 그 세계에서는 하나의 기술을 연마하면 그것으로 평생 생계를 유지할 수 있었고, 그 기술을 하나의 예술로 탈바꿈시키는 것도 가능했다. 구두 만드는 사람은 처음부터 끝까지 전 공정을 책임졌고, 이 집에서 만든 구두와 저 집에서 만든 구두는 완전히 달랐다. 돈이나 사회적 지위를 떠나 일에는 분명 '즐거움'이 존재했고 그 즐거움 덕분에 왕이 아니어도, 귀족이 아니어도 살아가는 자부심을 느낄 수 있었다.

그러나 산업혁명 이후 사람들은 전체 공정에서 단 하나의 부분으로 전락했다. 찰리 채플린의 영화 〈모던 타임즈〉에서는 거대한 기계장치에 인간이 끌려 들어가는 장면이 나오는데, 이 장면에서 당시 사람들의 삶과 그들이 느꼈던 감정을 알 수 있다. 산업혁명은 삶의 주인인 인간을 부품화시키고 도구화시켰다. 이후 초기 자본주의가 고도화되면서 신자본주의가 등장했고 부품화는 '전문화'라는 이름으로 옷을 갈아입었다. 직업의 명칭은 더 세련되어졌고 그에 따르는 보수도 많아졌지만 사람들은 일 자체에서 보람과 즐거움을 찾기 어려워졌다. 이런 추세와 함께 미국에서 전파된 능력주의는 인간을 다 뾰족한 '바늘'처럼 만들려고 한다. 그 결과 우리는 생계가 달린 특정 영역의 일을 빼고는 할 줄 아는 것도 없고 취미도 없는, 특성이 없는 존재가 되어 버렸다.

알랭 드 보통이 저서 『일의 기쁨과 슬픔』에서 지적하듯이 생선을 파는 사람들은 자신이 파는 생선이 어디에서 잡혀서 어떤 과정을 거쳐 자신이 일하는 마트 수산물 코너에 진열되는지 알지 못한다. 인도양에서 잡힌 참치는 52시간 내에 비행기를 타고 보관창고를 거쳐 대도시 슈퍼마켓으로 들어가지만, 그 과정에 참여하는 어느 누구도 이 전체 과정을 짐작하지 못하며 관심도 없다. 비스킷 공장에서 일하는 사람들은 정밀하게 제한되고 세분화된 한 과정만을 반복한다. 알랭 드 보통의 말처럼, 몇천 명의 삶과 수많은 수수께끼 같은 직책으로 분화된 후에도 여전히 일이 의미 있게 여겨질지는 미지수다.

철학 책을 읽고 우리가 태어나서 살아가는 이유를 생각해 보면서, 자본의 요구에 순응하여 파편화된 역할만을 받아들인다면 나를 도구화하는 삶을 살 수밖에 없다는 생각이 들었다. 우리는 아무 이유 없이 그저 우연의 일치로 이 세상에 던져졌고 세상을 여행할 기회는 단 한 번뿐이다. 그 기회를 일의 한 부품으로만 살면서 날려 버릴 수는 없다. 여행, 문화유산 감상, 그림 그리기, 글쓰기, 운동, 춤, 식물 키우기……. 세상을 알아 가고 인생을 풍요롭게 만드는 취미가 얼마나 많은가. 그런데 이 중에서 한두 개밖에 모르고 평생을 살다 간다고 생각하면 아쉬움이 클 수밖에 없다. 많은 것을 경험할수록 유한한 삶에 대한 미련은 적어진다. 대부분의 사람들이 죽음을 앞두고 '아직은 아니야'라고 외치는 것은 본인의 인생에서 다양한 경험을 하지 못했다는 후회 때문인

지도 모른다. 기회와 시간이 충분히 있었음에도 말이다.

◎

이런 생각을 하기 시작한 때부터 나의 생활은 달라졌다. 물론 눈이 갑자기 안 좋아지기도 했지만 그보다는 더 큰 계기가 있었다. 너무 부끄러워서 남편 외에는 누구에게도 말하지 못한 일이다(남편에게도 한참 뒤에 털어놓았다).

몇 년 전에 동남아로 여행을 갔다가 어처구니없는 실수로 죽을 뻔한 적이 있었다. 가족들과 휴양지 해변에서 즐거운 시간을 보내던 날이었다. 컨디션이 좋지 않았던 나는 태양이 뜨거운 낮에는 물에 들어가지 않고 선베드에 누워서 책을 읽으며 시간을 보냈다. 해 저물 시간이 되자 몸 상태가 조금 괜찮아졌다. 튜브를 끼고 물에 들어갔는데 기분이 아주 좋았다. 아이들은 모래 놀이를 하고 있었다.

그런데 혼자 물에서 재미있게 노는 동안 내 몸은 육지에서 조금씩 멀어져 가고 있었다. 곧 상황을 알아차렸다. 해가 저물면서 조류의 방향이 바뀌어 썰물이 시작되었던 것이다. 방향을 틀지 못하고 이대로 바다 쪽으로 떠내려가면 죽을 수도 있다는 위기감이 찾아왔다. 나는 수영을 할 줄 몰랐다. 육지 쪽으로 방향을 돌리려고 필사적으로 팔을 저었다.

멀어져 가는 모래밭 위에서 가족들의 모습이 보였다. 모래 놀이를 하며 즐겁게 노는 아이들. 아이들과 놀아 주다가 지쳐서 선베드에 누워 있는 남편. 멀리서 보는 그 모습은 한 장의 그림 같았다. 그때까지 나는 내 인생이 그렇게 아름답다고 생각하지 않았다. 평범하고 별로 내세울 것 없는 삶이라고 생각했다. 미련도 많았고, 가끔은 남편과 아이들 때문에 손해를 보고 있다는 생각도 했다. 하지만 바로 그 순간에는 그 평범한 한 장의 그림 속으로 들어갈 수만 있다면 무엇이든 다 하겠다는 마음뿐이었다. '제발 돌아갈 수만 있다면!' 색다른 점이 없다고 생각했던 그 그림 속으로 간절하게, 모든 것을 주고라도 돌아가고 싶었다.

교통사고를 당하거나 죽음의 위기에 직면하면 아주 짧은 시간 동안 지금까지 살아온 삶이 시간을 거슬러서 마치 영화필름을 거꾸로 돌리는 것처럼 눈앞을 스쳐 지나간다고 한다. 내 경우가 꼭 그랬다. 아주 짧은 시간 동안 내 인생의 중요한 이벤트들이 머릿속을 휙휙 스쳐갔다. 그리고 그 순간, 지금 눈앞에 보이는 저 그림이 바로 나의 행복이며 내가 세상에 태어난 가장 중요한 이유라는 것을 깨달았다. 나는 행복한 사람이었고, 그 사실을 모르고 있었을 뿐이었다.

필사적으로 팔을 저었던 덕분에 육지로 돌아갈 수 있었다. 처음으로 두 눈 뜬 상태에서 죽음의 문턱까지 갔다 온 느낌이었다. 모골이 송연했고, 그 뒤로도 팔다리의 긴장이 풀리지 않아 몇 시간 동안 계속 후들거렸다. 창피하기도 했고 걱정할 것 같기도 해서 가족들에게는 비밀로 했다. 하지만 그날의 일은 아주 오랫동안 머릿속에 남았다. 그리고 그 이후 삶의 관점을 바꾸는 데 결정적인 영향을 미쳤다.

자잘한 기쁨을 지금 이 순간 누릴 것

우리는 지금까지 인생을 하나의 직선으로 가정하고 쉼 없이 달려서 죽기 전에 결승선에 서는 과정으로 이해해 왔다. 하지만 인생은 그런 것이 아닐뿐더러 그런 사고로 인생을 바라보면 불행해진다. 자기가 원하는 것을 가장 마지막 순간으로 계속 미룰 수밖에 없기 때문이다.

큰 성공을 거둔 사람들 중 간혹 신상을 비관하여 자살하는 경우, 과거에 큰 영광을 누린 스타들이 말년에 알코올중독에 빠지거나 마약에 탐닉하는 경우가 많은 이유는 바로 그런 인생관 때문이다. 한 방의 성공을 위해 전력으로 질주해 왔는데 막상 정상을 찍고 나니 내려갈 일만 남았다고 느껴진다. 눈을 돌리면 자신보다 젊고 빠른 사람들이 정상을 향해 달려가고 있는 모습이 보인다. 이런 사람은 다시 행복을 느끼기가 어렵다. 하나의 강렬한 자극을 경험하고 도취되어 있었던 사람은 그보다 더 큰 자극이 없으면 만족감을 느끼지 못하기 때문이다.

살아 보니 과거에 아무리 큰 성취를 이뤘다고 해도 그 달콤한 추억만으로 남은 인생의 행복이 보장되지는 않았다. 대학 입학, 취업, 결혼, 출산, 모두 행복한 기억들이지만 지금 돌아보면 그 추억 자체가 현재의 나를 행복하게 만들어 주지는 않는다.

3년 전 성공보다는 바로 내일 만날 친구, 한 달 뒤 떠날 여행에 더 행복해하는 것이 인간이다. 이것은 '현재 프레임'과 '쾌락 적응' 때문이기도 하다. 과거에 모든 부귀영화를 누렸다고 해도 오늘이 초라하면 인생이 비극적으로 느껴진다. 게다가 앞으로 희망이 없다고 생각하면 인간은 단 한순간도 살아갈 수 없다.

어쩌면 진화심리학자들의 말처럼, 과거에 만족하지 말고 지금 그리고 앞으로도 계속 발전적인 일을 하게 하려는 유전자의 교묘한 계획인지도 모른다. 과거의 기억이 현재의 행복을 보장해 준다면 인간은 노력도 하지 않고 번식도 하지 않을 것이며, 그러면 호모사피엔스의 운명은 끝날 것이기 때문이다.

◎

행복을 연구하는 심리학자들은 행복을 극대화하려면 큰 이벤트보다는 자잘한 기쁨의 순간을 자주 가져야 한다고 말한다. 인생의 행복은 소소한 이벤트들, 자잘한 기쁨들을 얼마나 균형 있게 지속적으로, 잘 배분하는가에 달려 있다는 것이다.

물론 광활한 세상에서 길을 잃지 않기 위해서는 나침반, 즉 목표가 필요하다. 몇 년 단위의 목표, 사람에 따라서는 인생 전체의 목표가 나침반이 되어 줄 수도 있다. 하지만 단지 종착지에 도달하는 것만이 아니라 '과정에서의 행복'이 인생의 궁극적인 목표가 되면, 한 달 또는 하루 단위의 작은 이벤트들이 더 중요해진다.

취미로 쌓아 가는 흔들림 없는 삶

버트런드 러셀은 취미와 관심사가 다양한 사람일수록 예기치 않게 발생하는 외부 사건에 의해 인생이 흔들리지 않는다고 말한다. 우리는 그리 길지 않은 시간을 살고, 따라서 짧은 인생 동안 이 행성에 대해 알아야 하는 것은 무엇이든지 습득해야 한다는 것이다. 러셀에 따르면, 비록 불완전한 지식이라도 우리 삶에 대한 지식을 얻을 수 있는 기회를 무시하는 것은 극장에 가서 연극에 귀를 기울이지 않는 것과 같다. 그는 "세상이 보여 주는 구경거리에 흥미를 갖지 못하는 사람은 삶이 베푸는 여러 특권 중의 하나를 포기하는 셈"이라고 말한다.

평소에 취미와 관심사를 풍부하게 만들어 놓아야 하는 실용적인 이유가 하나 더 있다. 한 가지에만 관심을 갖고 전력으로 질주하는 사람은 그 일이 잘되지 않을 때 자기감정을 해소하기 힘들다. 24시간을 그 일에 쏟는다고 해서 생산성이 극대화되지는 않는다. 오히려 잘 풀리지 않을 때 관심

"인생의 폭이 협소할수록,
우연한 사건이 우리 인생을
마음대로 주무를 수 있게 된다."
-버트런드 러셀

을 잠깐 다른 곳으로 돌리고 머리를 비우는 과정에서 그 일을 바라보는 새로운 관점을 얻거나 상황의 물꼬를 트는 좋은 기회가 된다.

우리는 젊을 때 자살 충동을 극복하고 거의 100세가 될 때까지 인생의 모든 가능성을 시험하면서 평생 행복감을 느끼면서 살다 간 이 학자의 말을 귀담아들을 필요가 있다. "죽음은 불시에 찾아와 우리가 사랑하는 사람들을 쓰러뜨릴 수 있으며, 우리가 사랑하는 모든 대상들은 죽음의 처분을 기다릴 수밖에 없는 처지다. 그러므로 우리는 결코 인생의 폭을 협소하게 제한해서는 안 된다. 인생의 폭이 협소할수록, 우연한 사건이 우리 인생의 모든 의미와 목적을 마음대로 주무를 수 있게 된다." 러셀의 말대로 인생의 목표를 '행복 추구'에 두는 사람이라면, 자신의 인생을 구축해 가는 핵심적인 관심사 이외에도 여러 가지 부차적인 관심사를 갖기 위해 노력해야 한다.

운동에 담을 쌓고 살던 나는 마흔 살 이후에 규칙적으로 운동하기 시작했다. 비록 눈 때문에 시작한 운동이었지만 지금은 나에게는 없어서는 안 될 즐거움이 되었다. 아무리 바쁜 일이 있어도 일주일에 최소 두 번은 반드시 운동을 한다. 내 스마트폰 음악 관리 앱에는 '운동' 폴더가 따로 있다. 그 폴더에 다양한 음악을 넣어 놓고 운동하면서 듣는 것 역시 부수적인 즐거움이다.

예전에 동화 작가를 꿈꾸었기에 오랜 소망이던 동화 쓰기 과정도 들었다. 하지만 내 마음이 동심에서 너무 멀어졌다는 것을 깨닫고서 그 꿈을 깨끗이 단념했다. 대신에 언젠가는 어른을 위한 판타지 소설을 써 보겠다는 꿈이 생겼다. 그래서 관련 책도 읽고 필요한 글쓰기 강의도 듣는다.

오페라나 크로스오버, 클래식 음악을 들으면서 책을 읽고 마음에 드는 구절을 필사하기도 한다. 아무리 마음이 거칠어지고 뾰족해져 있어도 한 시간쯤 이런 시간을 가지면 어느새 차분하게 정화되고 가라앉는다.

컨디션이 안 좋거나 부정적인 생각이 고개를 들면 운동화를 신고 속보로 집 주변을 걷는다. 걷는 동안에 나를 마구 흔들어 대던 잡념이 사라지고 새로운 아이디어나 희망이 생겨난다.

가족들이 다 자고 있는 새벽에 혼자 일어나 커피를 마시면서 창밖의 동네 풍경을 눈에 담는다. 잠시 거실로 나갔다가 내 방으로 들어오면 커피 향이 방 안에 조용히 퍼져 있다. 매일 아침 내가 호사스럽게 누리는 소확행이다.

아이들이 돌아오기 전에 음악을 틀어 놓고 저녁을 만든다. 요리는 되도록 하루에 한 번만 한다. 시간에 쫓겨 음식을 만들지 않고 음식 만드는 그 시간을 의식하면서 나만의 즐거운 이벤트로 삼는다.

여행도 빼놓을 수 없는 즐거움이다. 여행을 하는 동안만이 아니라 그 앞뒤의 전 과정이 행복한 순간들이다. 먼저 1년 여행 계획을 세운다. 가족들과 함께 의논해서 달력에 가고 싶은 곳을 표시해 놓으면 그것만으로도 일주일은 두근거리고 설렌다. 그리고 여행 날짜가 다가오면 한 달 동안 계획을 짜고 여행 동선을 그린다. 일단 여행을 가면 모든 생각을 제쳐 놓고 오로지 그 시간을 즐긴다. 그리고 돌아와서는 블로그에 여행기를 작성하면서 여행의 여운까지 탐욕스럽게 누린다.

철학 책을 읽으면서 훌륭한 '인생 선배'들과 교감할 때, 잠시나마 외롭지 않고 든든한 마음이 된다. 책을 읽다가 관심이 가는 다른 책을 알게 되면 나만의 '책 폴더'에 정리해 놓는 것도 큰 즐거움이다. 책 목록은 인터넷에서 흔하게 구할 수 있지만 이 폴더는 오직 나만이 갖고 있는 보물 창고다. 내가 그 책에 관심을 갖게 된 계기와 전후 경험만큼은 이 세상에서 오직 나만이 갖고 있는 맥락이기 때문이다. 내가 관심을 가지고 나의 시간을 투입하는 순간, 의미 없던 사물이 비로소 의미를 갖게 되는 것이다. 어쩌면 나의 흔적과 맥락을 세상에 되도록 많이 던져 놓는 것이 제한된 시간 동안 지구를 잘 여행하는 방법인지도 모른다.

개인적으로 그림을 좋아해서 전문가용 색연필 세트와 스케치북을 항상 곁에 둔다. 시간적 여유가 있으면 강좌를 듣고 여의치 않을 때는 색연필로 그림을 그린다. 20~30분이라도 그림을 그리고 나면 책을 보는 것과는 다른 종류의 기쁨을 느낀다.

◎

일본 영화감독 고레에다 히로카즈의 영화 〈원더풀 라이프〉를 보면 세상을 떠난 사람들은 천국으로 가기 전 머무는 중간역 림보에서 7일 동안 있으면서 인생에서 가장 소중한 기억을 하나 골라야 한다. 단 하나의 기억만을 천국으로 가져갈 수 있다. 어떤 사람들은 기억이 많아서 고민인 반면 어떤 사람들의 기억은 무서울 정도로 단조롭다. 일만 했던 것이다. 어떤 사람들은 이승에서의 모든 기억을 잊고 싶어 하며 깜깜한 벽장 속의 어둠을 선택하기도 한다.

나는 그곳에서 어떤 기억을 선택할 것인가?
왜 그 기억을 선택하는가?
내 인생에서 가장 아름다운 순간은 언제인가?

이 질문에 대해 답하는 자세가 바로 우리가 하루하루를 살아가는 자세가 되어야 한다고 생각한다. 어린 시절 좋아했고 지금도 항상 마음에 남아 있는 소설 『빨간 머리 앤』에 나오는 유명한 말을 인용하고 싶다.

"정말로 행복한 나날이란 멋지고 놀라운 일이 일어나는 날이 아니라 진주알들이 하나하나 한 줄로 꿰어지듯이, 소박하고 자잘한 기쁨들이 조용히 이어지는 날들인 것 같아요."

24 나잇값에 대하여

–어디로 튈지 모르는 중년의 불안정성

사실 중년은 위험한 시기다. 중년은 청년기와 노년기를 잇는 과도기이며, 과도기란 본질적으로 불안정하다. 하나의 상태가 질적인 변화를 통과하기 위해서는 내부적으로 엄청난 진통을 겪어야 한다. 아이에서 어른이 되는 과도기였던 청소년기를 한번 떠올려 보자. 그때 우리를 찾아왔던 호르몬의 변화, 걷잡을 수 없는 충동, 이유 없는 불안과 반항을 생각해 본다면 중년기의 과도기적 속성을 이해할 수 있다.

과도기는 불안정하기 때문에 위험하다. 한마디로 어디로 튈지 모른다. 청소년기에는 어른이 되기 위해 부모님에게 대항해야 한다는 내적 충동에 지배당한다. 아직 몸과 마음속에 남아 있는 아이와 싸우면서 자아를 드러내고 주장하려고 한다. 때로는 허세도 부리고 폼도 잡으면서 어떻게든 아이 티를 벗어던지려고 몸부림친다.

중년도 불안하기는 마찬가지다. 개인적으로 마흔 살이 넘으면서 내가 드디어 기성세대가 되었다는 생각이 들었다. 사실 몸만 중년기로 들어왔지 마음은 아직 청년기에 남겨 둔 상태였다. 하지만 내가 그렇게 생각하더라도 청년들의 눈에는 엄연한 40대 아줌마라는 사실을 자각했다.

◎

갑자기 불안했다. 이대로 그냥 아줌마가 되어 버리는 것일까? 지금까지 살아온 방식을 바꿔야 하나? 나이 앞자리가 달라졌으니 나도 그 변화에 맞춰 마음가짐을 달리 먹어야 하나? 지금까지 살던 대로 그냥 살면 '나잇값 못 한다'는 소리를 듣게 될까, 살짝 겁이 났다. 물론 나이가 든다고 해서 사람 자체가 바뀌는 것은 아니다. 하지만 인간은 사회생활을 하는 동물이기 때문에 개인적인 자아뿐 아니라 사회적 자아를 별도로 갖고 있다. 한 사회에서 맡은 역할과 그 안에서 맺는 관계에 따라 적절하게 다른 옷으로 갈아입는 것이다.

어린 사람과 밥을 먹을 때 전처럼 각자 돈을 내고 일어서기에는 뭔가 어색해졌다. '내가 돈을 내야 하지 않을까? 내 나이가 더 많은데……'. 이제 막 엄마가 된 30대 이웃들과 이야기를 할 때면 나도 그들과 함께 시댁 험담을 하고 남편 흉을 보는 것이 조금 불편했다. '10년이나 어린 사람들에게는 그래도 나이 먹은 값을 해야 하는 게 아닐까?' 공연한 자기검열인지도 모르지만 뭔지 모를 불편함이 있었다.

학자들은 중년은 사회 후배 격인 청년 세대에게 자리를 내어 줄 마음의 준비를 하는 시기라고 말한다. 이 말이 선뜻 이해가 가지 않을 수도 있다. 현실에서는 중년이 사회에서 중심적인 역할을 맡고 있고 직장에서도 책임자의 위치에 있기 때문이다. 도와주기는커녕 오히려 치고 올라오는 젊은 후배들을 경계하면서 자신의 자리를 지키려는 모습도 많이 보인다. TV 드라마에서 보통의 중년은 무서운 상사와 겁 없는 부하 직원 사이에 낀 샌드위치 신세로 묘사되기 일쑤다.

물론 중년이 되었다고 해서 개인적인 야망을 줄여야 하는 것은 아니며 사람에 따라서는 중년 이후가 사회적 활동의 전성기일 수도 있다. 특히 그동안 크게 두각을 드러내지 않았지만 보이지 않는 곳에서 자신만의 내공을 착실히 쌓은 사람들 중에는 중년 이후부터 본격적으로 전면에 나서서 리더십을 발휘하고 새로운 사회 활동을 활발하게 하는 경우도 있다. 나만 해도 한발 물러나서 남을 응원하기보다는 나의

열망과 욕망을 실현해 나가는 데 더 관심이 많다.

하지만 중년기 이후부터는 청년층을 경쟁자가 아니라 끌어 줘야 할 후배이자 러닝메이트로 보는 편이 현명하다고 생각한다. 아직은 내 일에 바쁘고 충분한 힘이 없어서 전폭적으로 도와주지는 못해도 마음으로는 그런 자세를 갖는 것이 좋다. 중년이 너무 자기에게만 집중하면 그 아래의 청년은 상대적으로 그 기세에 눌릴 수도 있기 때문이다. 그리고 넓게 보면 청년들을 응원하고 능력 내에서 끌어 줘야 중년이 더 돋보이고 중년의 영향력도 더 커질 수 있다.

후배를 아끼는 마음을 가지는 것이 곧 사람들이 기대하는 '나잇값'이 아닐까. 동네 젊은 주부들과 이야기할 때, 나는 그들의 말을 들어 주는 것이 그들이 나에게 기대하고 내가 해야 할 역할이라는 결론을 내렸다. 물론 그들이 시댁 흉을 보면 공감대 형성을 위해 맞장구를 치기도 하고 때로는 조언을 하기도 한다. 하지만 기본적으로는 그들의 말을 듣는다.

만약 치고 올라오는 후배들이 위협적으로 느껴지고 그로 인해 초조해진다면, 우선은 그 상황을 받아들이려고 노력하는 편이 좋다. 달도 차면 기울고 해도 하루가 지나면 저물듯이 인생의 여름에 있는 청년들이 주역으로 부상하는 것은 당연한 일이다. 그것은 패배가 아니다. 나는 내가 속해 있는 영역에서 내가 할 수 있는 최선을 다하면 된다.

'내 사람들'은 나를 살게 하는 이유

무엇보다도 가정에서만큼은 이제 조금 물러나야 한다. 중년의 부모가 에너지가 너무 왕성하고 자기주장만 한다면 자식들이 성인이 되지 못한다. 나는 서서히 물러나고 자식들이 일어서는 것을 인정하고 지켜봐야 한다. 그리고 그것이 결국 내가 행복해지는 길이다.

또한 중년이야말로 가족과의 관계를 더욱 친밀하고 단단하게 다져야 하는 시기다. 경험을 통해 무엇이 정말 중요

'내 사람'이 나를 살게 하는 가장 큰 원동력이자

가장 중요한 이유다.

하고 무엇이 중요하지 않은지 비로소 구분할 수 있게 되었을 것이고, '내 사람'이 나를 살게 하는 가장 큰 원동력이자 가장 중요한 이유라는 사실을 느끼고 있을 것이다. 그것이 시간을 내주고 얻은 지혜다. '내 사람'이란 가족이나 친구처럼 내가 인생을 살아오면서 관계를 맺고 서로에게 직접적인 영향을 미친 사람들이다.

그중에서도 '가장 가까운 내 사람'은 가족이다. 이 시기에 가족과의 관계를 소홀히 한다면 중년 이후의 삶은 외롭고 공허할 수밖에 없다. 중년 이후부터는 외부로부터 받는 관심이 현저히 줄어들면서 개인적 삶의 반경을 확장하기 힘들다. 중년의 삶은 확장성을 잃는 대신에 내부로 수렴하면서 더욱 단단해진다. 가을을 맞아 뜨거운 태양 아래에서 곡식이 여물 듯 중년의 삶도 이제 결실을 향해 나아가는 것이다. 이제 잡초를 뽑고 쭉정이를 가려내고 알곡을 거둘 수 있는 튼튼한 줄기만 골라내야 한다. 이 중요한 시기에 가장 중요한 줄기를 잘 보살피지 않고 계속해서 잡초와 쭉정이들만 늘려간다면 나의 추수기는 허무해질 뿐이다. 지금까지 가족을 소홀히 대한 사람이라면 이제부터라도 공을 들여서 단단한 알곡을 거둘 수 있도록 노력해야 한다.

결국에는 혼자 남는다

한편 내적으로는 단단히 홀로 서야 한다. 가족은 너무 소중하지만 사람은 결국은 모두 혼자다. 중년이 되면서 가처분 시간은 더욱 늘어난다. 그 시간에 자신과 대면하게 되는데, 우리는 자신과의 대면이 익숙하지 않기 때문에 일부러 사람들과 어울리거나 다른 일을 만들어 그 시간을 피하는 데 급급하다.

많은 시간을 혼자 보내라는 말이 아니다. 사람은 관계 속에서 활력과 에너지를 얻는 데다가 혼자 오래 있으면 우울감이 찾아온다. 하지만 중년 이후부터는 아무리 적은 시간이라도 하루에 일정 시간은 오롯이 자신의 내면을 마주하는 연습을 해야 한다. 슬프지만 앞으로 내 삶의 지평은 더 이상

확장되지 않고 중요한 것들을 중심으로 수렴되기 때문이다.

처음에는 자식들이 떠나갈 것이고, 마지막에는 평생 친구였던 배우자가 떠나갈 것이다. 자식들은 성인이 되면서 자신의 세계를 만들기 위해 지금까지 속해 있던 세계를 떠나고, 배우자는 나처럼 인생의 가을을 맞는 동년배이니 말이다. 자신의 문제를 직면하면서 삶의 가장 궁극적인 질문에 대답하기 위해 혼자만의 시간과 방황이 필요하다. 내가 외롭다고 자기 세계로 향하는 자식들을 붙잡거나 똑같이 방황할 배우자에게 매달릴 수는 없다.

◎

이제부터라도 고독을 받아들여야 한다. 짧은 시간이라도 자신과 대면하면서 혼자 있는 시간을 잘 보내기 위해 최선을 다하자는 뜻이다. 이렇게 혼자 있는 시간을 밀도 있고 충만하게 보내면 자신감이 생긴다. 고독의 시간을 밀도 있게 보내면서 가족의 얼굴을 보게 되면 함께하는 시간의 가치가 피부로 다가오면서 그들을 더욱 소중하게 대하게 된다. 가족에게도 더 너그러운 마음이 된다. 그런 시간을 보낸 후 가족을 보면 너무 반갑다. 내 곁에 있어 주고 내 세계에 합류해 나와 함께 인생을 걸어가 주고 있는 그들에게 무한한 감사의 마음이 샘솟는다. 확실한 것 하나 없는 이 세상에서 매일 아침 눈을 떠 그들을 볼 수 있다는 것은 기적과도 같은 일이다.

그리고 가족과 헤어져서 각자의 세계로 돌아가면 또 다른 의미에서 기쁨과 안도감을 느낀다. 매일 이별과 만남을 반복하면서 가족과의 관계는 점점 더 단단해진다. 중년은 이렇게 쭉정이를 떨구고 나의 핵심 관계를 더욱 단단한 알곡으로 만들어 가는 시기이며, 중요한 관계에서 나만의 방식을 정착시켜 가는 시기다.

epilogue

당당히 중년을 선언하다

이제 나 자신의 질문에 답할 때가 왔다. 애초에 중년의 의미를 탐구하기 시작한 것은 두 가지 질문과 맞닥뜨리면서였다. 첫 번째 질문. 노화는 받아들여야 하는 것일까? 아니면 싸워서 되도록 멀찍이 밀어 버려야 하는 것일까? 두 번째 질문. 육체적 노화는 그렇다 치고, 정신도 그에 맞춰 기어를 한 단계 낮춰야 하는 것일까? 아니면 '나이는 숫자에 불과하다'고 생각하며 청년의 정신 상태로 평생을 사는 게 바람직한 것일까?

밤에 잠을 못 자고, 마음 한구석이 불안하고, 다시 사춘기가 된 듯 감정이 널뛰던 이유를 알기까지 한참의 시간이 걸렸다. 그 질문에 대한 답을 찾기 위해 나름대로 새로운 일을 시도해 보고, 다양한 강의를 듣고, 책도 읽고, 책을 읽은 후에 느낀 감정과 기억하고 싶은 문구와 알게 된 사실을 블로그에 올렸다. 지금까지 온 길을 되돌아보니 처음 내가 나이 듦을 자각한 시기로부터 5년이 훌쩍 흘렀다. 이 시간을 보내고 난 지금, 나는 질문에 대한 답을 찾았을까? 내 대답은 '그렇다'다.

첫 번째 질문. 노화는 받아들여야 하는 것일까? 아니면 싸워서 되도록 멀찍이 밀어 버려야 하는 것일까? 내가 찾은 답은 '받아들여야 한다'다. 삶을 각각의 어느 한 단계가 아니라 전체로, 직선이 아니라 우주 전체의 순환으로 바라본다면 청년기는 그 끊임없는 순환의 부분에 불과하다. 청년기를 절정으로 보고 이후의 삶을 '쇠락'의 관점에서 대한다면 그것은 삶 전체를 중요하게 여기지 않는 태도다.

노화를 거부한다는 것은 평생 청년다운 생각과 청년의 에너지를 가지고 살아간다는 의미다. 에너지를 발산하고 자신의 세계를 확장하는 청년기의 삶이란 무엇을 말하는가. 수렴하고 단단해질 수 있는 가을의 시간을 유예한다는 것이다. 언제까지 유예할 수 있을까. 60세까지? 아니면 70세까지? 가을이 뒤로 밀려나면, 인생을 정리하고 자신이 세상에 던져진 의미를 통찰하는 겨울의 시간은 언제 맞는단 말인가?

두 번째 질문. 육체적 노화는 그렇다 치고, 정신도 그에 맞춰 기어를 한 단계 낮춰야 하는 것일까? 아니면 '나이는 숫자에 불과하다'고 생각하며 청년의 정신 상태로 평생을 사는 게 바람직한 것일까? 이 질문에 대한 답도 '정신의 기어를 낮춘다'다. 중년기는 무리하게 청년기의 생활 방식을 지속할 때가 아니다. 그보다는 앞으로 다가올 노년기의 삶의 질을 위해 건강을 유지하고, 나에게 맞는 자기 관리 노하우를 발전시킬 때다.

오래가려면 즐거워야 하고, 즐거우려면 생활이 지금의 신체적 · 정신적 리듬에 맞아야 한다. 무리하다가 중년기 및 노년기 삶의 질을 떨어뜨려서는 안 된다. 중년기는 육체적 에너지가 줄어드는 대신에 지혜와 통찰력이 늘어나는 시기다. 그리고 노년기에는 자신의 삶을 수용하고 인생의 근원적인 물음에 답변함으로써 미련 없이 생을 마감할 준비를 해야 한다. 중년기에는 청년기의 풍부한 경험에서 꼭 필요한 것을 골라내어 숙성시켜야 하고, 자신에게 맞는 공부 방식을 찾아야 한다.

즉, 인생 전체를 바라보면서 각 단계에 맞게 삶의 기어를 조정할 수 있어야 한다. 단, 그것은 쇠퇴가 아니라 재조정이자 새로운 목표를 향한 재장전이다. 육체와 마찬가지로, 정신 활동에도 당연히 재균형이 필요하다. 육체는 늙어 가지만 정신은 더 지혜로워지는 시기에 맞게 라이프 스타일을 바꿔야 한다.

나의 인생을 자동차 운전에 대입해서 생각해 본다. 이제 나는 울퉁불퉁한 자갈길, 질척한 진흙탕, 바퀴가 푹푹 빠지는 모래밭 등 예측할 수도 없고 생각지도 못한 장애물이 도사리고 있는 험한 코스를 지났다. 그 코스를 지나면서 자동차는 바퀴도 닳고 엔진도 상했다. 그런데 온 만큼의 거리를 또 달려야 한다. 지금의 속도와 운전 방식으로 달리면 무사히 완주할 수 있을지 걱정된다. 잠시 차를 멈추고 엔진에 문제가 없는지 뜯어보고 점검하는 시간을 가진다. 점검해 보니 엔진에도, 바퀴에도 문제가 많다. 속도를 조금 더 늦추고 엔진과 바퀴에 무리를 주지 않는 방식으로 운전하면 목적지까지 무사히 갈 수 있을 것이다. 중간에 바퀴가 터져 차가 주저앉거나 엔진을 완전히 갈아 끼우는 것보다는 더 나을 것 같다.

다행히 그동안 이런저런 난관을 통과하면서 운전 기술과 차량 관리 기술이 많이 늘었다. 속도를 줄이고 전보다 휴식 시간을 많이 갖는데도, 운전 거리는 비슷하다. 더 좋은 점은 전처럼 오로지 목적지에 빨리 도착해야겠다거나 다른 사람을 앞질러서 맨 먼저 도착해야겠다는 생각을 하지 않는다는 것이다. 운전하면서 창밖의 풍경도 보고 지나가는 사람들과 인사도 한다. 경치가 너무 예쁘면 내려서 잠시 경치를 만끽하고 다시 차에 오른다. 차는 겉보기에는 조금 낡았고 색도 바랬다. 하지만 오래 타 온 내 차이기 때문에 내 말을 아주 잘 듣는다. 새 차를 준다고 해도 나는 필요 없다. 다시 최고 속력으로 달릴 필요를 느끼지 못하기 때문이다.

물론 얻은 지 얼마 안 되는 새 차를 타고 전속력으로 달리던 시절은 짜릿했다. 보란 듯이 쌩쌩 달리던 때가 살짝 그립고 지금도 선두 그룹에 끼어 달리지 못해 아쉽기는 하다. 하지만 나름의 스트레스도 있었고 무엇보다도 이미 한번 해본 일이다. 조금 느리게 달리면서 이것저것 생각도 하고 경치 구경도 하는, 내 나름의 스타일로 달리는 지금이 이전 못지않게 즐겁다. 전에는 미처 존재하는지도 몰랐던 즐거움이다. 새 차를 타고 이 구간을 전속력으로 달려 버리면 지금의 즐거움을 누리지 못할 게 아닌가. 다음 코스에서는 지금과 다른 세계가 펼쳐질 텐데 그럼 이 코스를 영영 놓치는 게 아닌가. 그렇게 하고 싶지 않다. 지금 이 길에서 예상하지 못한 더 신나고 만족스러운 경험을 할 수 있을지, 그것이 무엇인지 직접 경험해 보고 싶다.

아이는 철이 나야 한다. 철이 들지 않으면 영원히 아이로 남기에. 그리고 철이 든다는 건 내가 지구상에 존재하는 무수한 사람들과 다르지 않으며 그중 하나일 뿐이라는 사실을 알고 받아들이는 것이다.

철이 난 아이는 청년이 된다. 청년기의 과제는 자아를 찾는 것이다. 자아를 찾는다는 건 내가 다른 사람들과 다르지 않은 존재임에도 불구하고, 나에겐 다른 사람들과 구분되는 나만의 것이 있음을 알고 그것을 찾아내는 것이다.

청년은 중년이 된다. 중년의 성숙과 체념이란 청년기의 모색과 몸부림 이후에 남은 자신의 모습을 다시 한 번 받아들이는 것이다. 그 모든 시간 후에 다시 평범해졌다고 해도, 설사 잘난 점이 하나도 없다고 해도 그것이 최선이었음을 인정하고 그래도 잘 살아왔다고 자신을 위로하는 것이다. 그리고 가능성이 희박한 희망을 포기하고 가능한 것을 골라내어 거기에 최선을 다하는 태도를 말하는 것 같다.

삶이 중간 반환점을 돌았다. 계속 이어져 온 레이스였지만 후반부는 이제 비로소 시작이다. 다시 출발점에 섰다는 점에서, 어른이 되어 세상에 발을 내디딘 20대와 그리 다르지 않은 두려움을 느끼기도 한다. 하지만 이번에는 주도권이

나에게 있다.

물론 상황은 매번 바뀌고 미처 생각하지 못한 외부 요인은 자꾸 툭툭 튀어나온다. 중년이 되었다고 해서 외부 상황을 컨트롤할 수 있는 것은 아니다. 하지만 지금은 그것이 인생이라는 사실을 알고 받아들인다. 일이 원하는 대로 잘 안 풀려도 짜증 내거나 안달하거나 조바심 내지 않는다. 여유를 갖고 어느 정도는 체념하거나 상황을 받아들이면서 그 안에서 최선을 다한다. 이 여유와 지혜는 청년기를 살아 낸 대가로 얻은 중년의 무기다.

그리고 무엇보다도, 당장의 결과가 만족스럽지 못하더라도 실망하지 않고 긴 호흡으로 보면서 하루하루에 충실할 것이다. 존재 자체로 만족할 것이다. 이렇게 보낸 하루하루가 모여서 인생이 된다는 비밀을 이미 알았으므로.

이제 중년이 되었음을 나에게, 그리고 세상에 선언한다. 나는 당당한 중년이고, 나의 중년은 이제 시작이다.

마흔,
계속 이렇게 살 수 없다는 당신에게

초판 인쇄 2019년 10월 10일
초판 발행 2019년 10월 20일

지은이 류지민
펴낸곳 다른상상
등록번호 제399-2018-000014호
전화 031)840-5964
팩스 031)842-5964
E-mail songa7788@naver.com

ISBN 979-11-967111-8-4 03190

잘못된 책은 바꿔 드립니다.
책값은 뒤표지에 있습니다.

이 도서의 국립중앙도서관 출판예정도서목록(CIP)은 서지정보유통지원시스템 홈페이지(http://seoji.nl.go.kr)와 국가자료공동목록시스템(http://www.nl.go.kr/kolisnet)에서 이용하실 수 있습니다.(CIP제어번호: CIP2019037689)

독자 여러분의 책에 관한 아이디어나 원고 투고를 설레는 마음으로 기다리고 있습니다.
이메일로 간단한 개요와 취지, 연락처를 보내주세요. 독자님과 함께 하겠습니다.